이 책에 쏟아지는 교육계의 찬사

혹시 '어떻게든 될 거야'라는 생각을 하고 있진 않나요? 누구보다 일찍 미래를 준비해야 하는 100세 시대에 말이죠. '재밌는 돈 공부', 더 이상 내일로 미루지 말고 지금 시작하세요. 우리의 미래는 바로 그 시작점부터 보다 풍요롭고 따뜻해질 테니까요.

__박홍신, (사)청소년금융교육협의회 사무국장, 전 매일경제신문 편집국 부국장

"돈 관리는 이렇게 하는 거야." 아이들에게 제대로 알려 주고 싶지만 어떻게 알려 주어야 할지 막막합니다. 우리 모두 돈에 대해 제대로 배운 적이 없기 때문입니다. 우리는 제대로 알지 못한 채 어른이 되어 버렸습니다. 하지만 우리 아이들도 똑같은 길을 걸어가야 할까요? 돈에 대해 제대로 아는 것, 선택이 아니라 필수인 시대가 되었습니다. '천 리 길도 한 걸음부터'라는 말이 있습니다. 바로 이 책이 우리 아이들이 돈에 대해 제대로 알아가는 첫 '한 걸음'을 내디딜 수 있게 해주리라 기대합니다.

__옥효진, 부산 송수초등학교 교사, '세금 내는 아이들' 유튜브 채널 운영

'돈'에 관한 모든 것이 담겨 있는 책입니다. 용돈이 항상 모자라고 쓰면서도 마음이 찜찜한 학생들에게 권합니다. 돈을 모으고 기분 좋게 쓰는 방법이 저절로 체득됩니다. 책에서 안내한 대로 스스로 아이디어를 내서 사업을 구상해 기업인이 되고, 좋은 기업에 투자하는 방법을 배우다 보면 돈의 흐름이 눈에 보일 겁니다.

__김나영, 서울 양정중학교 교사, 대한민국 경제교육대상 수상자

아이들은 부자가 되고 싶다고 말합니다. 체계적으로 단계별 경제 교육을 받을 곳이 부족하니 벼락부자를 기대하는 거죠. OECD 평균을 밑도는 우리나라의 금융 문맹을 극복하기 위해서는 이 책처럼 단계별 맞춤식 경제 교육서가 필요합니다. 막연히 10억 부자를 부러워하는 것이 아닌 10만 원부터 시작한 부자들의 첫 시작을 배우는 것부터 사다리를 타고 올라가는 경제적 자유의 길을 배울 수 있는 실제적인 방법을 익히기를 기대합니다.

__김 선, 안산 초지초등학교 교사, '초등경제교육대백과' 오디오클립 진행자

학교에서 개최하는 벼룩시장에 학생들이 왜 열광하는지 아시나요? 물건을 사고팔면서 돈을 직접 벌 수 있기 때문입니다. 직접 경험하는 것보다 더 확실한 경제 교육은 없습니다. 이 책에서는 직접적인 경제 활동으로 학생 스스로 배움이 일어나도록 합니다. 부자처럼 생각해서 목표와 예산을 정하고, 돈을 모으고 불리는 경제 교육의 실제적인 방법이 여기에 있습니다. 막연했던 아이들의 경제 교육을 이 책으로 시작해 보길 권합니다.

__공민수, 인천 금마초등학교 교사

언젠가 수업이 거의 끝날 때쯤 '부자 되기'에 관한 짧은 유튜브 영상을 학생들에게 보여준 적이 있습니다. 아이들 눈이 휘둥그레지면서 선생님이 왜 갑자기 이런 걸 보여주나 하는 표정이었지요. 현실적으로 학교 교육 현장에서 경제 교육을 하기 쉽지 않다는 걸 새삼 깨달은 날이었습니다. 하지만 아이들이 낯설어한다고 우리는 마냥 손을 놓고 있어야 할까요? 금융, 주식, 경제가 무엇인지, 부자는 어떻게 되는지 배우는 것은 아이가 걸음마를 배우고 자전거를 배우는 일처럼 자연스러운 것입니다. 이제 이 책을 통해 가정이나 학교에서 쉽고 재미있게 아이들과 경제 교육을 시작하여 부자 되기 첫걸음을 뗄 수 있기를 응원합니다.

__이경아, 서울 양강중학교 교사

이 책을 보는 순간 지금까지 경제 교육책을 읽으면서 느꼈던 갈증이 사라졌어요. '맞는 말인데 그래서 어떻게 하라는 거지?'라는 답답함을 한방에 날려줄 정도로 경제 교육 방법을 너무 너무 구체적이고 실질적으로 잘 소개해주는 책이네요. 《10만 원이 10억 되는 재밌는 돈 공부》를 읽고 저는 바로 딸아이와 '10억 만들기'를 시작했습니다. 다른 부모님께도 꼭 추천드립니다.　　　　　　　　　　__천상희, 경산 성암초등학교 교사, 경제금융교육연구회 회장, 금융의 날 대통령 표창자

30년 전 나에게 이 책을 읽을 기회가 주어졌다면 지금보다 훨씬 경제적으로 여유 있는 삶을 살 수 있었을까요? 이 책은 아이가 직접 경제적 목표를 정하고 예산을 세우고 어떻게 돈을 벌고 불릴지 쉽고 재미있게 안내되어 있어 능동적으로 아이들이 경제적 계획을 세울 수 있게 도와줍니다. 이 책을 읽은 우리 아이들이 올바른 부자들의 사고방식을 따르고 배워 30년 후 경제적 자유를 누리고 사회에 기여할 수 있는 사람으로 성장하길 바랍니다.　　　　　　　__함초롱, 화성 청계초등학교 교사

이 책에 쏟아지는 독자들의 찬사

저축, 소비, 이자, 주식, 펀드, 가치 투자, 창업에 이르기까지 경제 공부를 위한 꼭 필요한 정보와 지식을 자세하고 재미있게 담고 있는 책입니다! 현재 열네 살인 저도 다양한 방법으로 수익을 창출하고 있는데, 이 책을 통해 또 다른 투자법을 알게 되었어요. 망설이지 말고 지금 당장 이 책을 읽고 10억 모으기를 시작해 여러분의 경제적 자유를 마음껏 누리세요.
　　　　　　　　　　　　　　　　　　　　　　　　　　　　　　　　　　__쭈니맨, 경제 유튜버

저는 사업에 관심이 많은 어린이입니다. 어떻게 하면 남과 다른 방식으로 돈을 벌 수 있을지 고민하던 차에 이 책을 샀죠. 책을 다 읽고 나니 원했던 팁뿐만 아니라 그 이상을 배웠습니다. 덕분에 저는 지금 사업을 시작했어요. 이 책을 통해 앞으로 닥쳐올 문제에 어떻게 대처할지도 이미 배워 뒀죠. 자기만의 사업을 하고 싶거나 돈을 벌고 싶은 사람들이라면 꼭 읽어야 할 책이에요!
　　　　　　　　　　　　　　　　　　　　　　　　　　　　　　　　　__메리베스, 아마존 서평 중

돈의 다양한 얼굴을 아이들에게 알려 주는 책! 열 살 아들이 이 책을 정말 좋아해요! 돈을 어떻게 벌고 저축하는지 배우더니 스스로 미래에 대한 계획을 세우기 시작했어요. 주식을 시작하는 법, 은행과 신용협동조합의 차이점, 사업을 구상하는 법(또래 아이들의 사업 성공 사례도 흥미로워요!), 일자리 구하는 법, 예산 짜는 법 등 온갖 정보로 가득 차 있어요. 이 외에도 책 곳곳에 스스로 작성하며 채워 나갈 수 있는 공간이 많아서 저자와 쌍방향으로 소통한다는 느낌을 준답니다.
　　　　　　　　　　　　　　　　　　　　　　　　　　　　　　　　　　　__제니, 아마존 서평 중

아이들을 위한 금융 교육이 꼭 필요하다고 생각했던 사람입니다. 열 살이 된 손자의 책장에 꽂아주면 딱 좋은 책을 발견했죠. 손자는 이 책을 읽으며 금융과 관련한 의사 결정의 개념과 영향력에 대해 알아가는 중입니다. 이 책은 경제 개념과 돈의 철학, 부의 습관 등 훌륭한 대화의 주제가 될 만한 것들을 가득 담고 있어요. 게다가 일러스트도 풍부해서 책 읽기가 더딘 아이들은 물론 돈 공부를 시작하는 어른들도 집중해서 읽기 좋은 책입니다.　　　　　　__G. 웨스트펄, 아마존 서평 중

HOW TO TURN
$100
INTO
$1,000,000

10만 원이 10억 되는 재밌는 돈 공부

초등부터 시작하는 똑똑한 금융×투자 습관

10만 원이 10억 되는 재밌는 돈 공부

제임스 맥케나&지닌 글리스타
&맷 폰테인 지음
박성혜 옮김·천영록 감수

$1,000,000

Little A

예비 10억 부자가 된 여러분에게

이 **책을** 펼친 여러분, 축하합니다! 어떻게 이 책을 읽게 되었건 이제 여러분의 삶에 굉장히 중요한 변화가 일어날 겁니다. 남보다 앞서고 그로 인해 자유롭고 행복해질 거예요. 그리고 여러분이 꿈꾸는 벅찬 미래를 스스로 만들 수 있을 겁니다.

많은 어른들이 한결같이 '조금만 더 일찍 알았다면' 하고 후회하는 것이 있어요. 바로 '돈'입니다. 저는 부자들을 아주 많이 만났고 그들이 어떻게 성공했는지 들었어요. 얼마나 일찍 세상에 대해, 특히 돈에 관심을 갖기 시작했느냐가 그들의 성공에 큰 영향을 주었다고 해요.

세계 최고의 부자였던 워런 버핏은 10대 초반부터 일을 해 돈을 모았고 그 돈으로 **투자***를 했습니다. 일찍 시작하면 그만큼 더 고민하고 현명하게 투자도 할 수 있겠죠? 아무리 똑똑한 사람도 일찍 시작한 사람을 이기기는 쉽지 않습니다.

이 책의 내용이 전부 이해되지 않더라도 괜찮

아요. 만약 여러분이 이 책을 끝까지 읽고 관련된 책이나 정보를 열심히 찾아보고 경제에 꾸준히 관심을 가진다면 반드시 남보다 이른 나이에 **경제적 자유***를 얻을 것입니다. 혹시 이 책을 절반만 읽고 한동안 관심을 잃더라도 걱정하지 마세요. 이 책을 펼친 사람 중 아주 많은 사람들이 세월이 지나 큰 부자가 되리라 확신합니다.

돈은 그 자체로 좋거나 나쁜 것이 아닙니다. 다만 나쁜 사람이 돈을 가지면 훨씬 나쁜 사람이 될 수도 있고, 착한 사람이 돈을 가지면 훨씬 착한 사람이 될 가능성이 높아요. 다시 말해 돈은 '누가 어떻게 쓰는지'가 더 중요합니다.

친구와 가족에게 맛있는 밥을 사주거나 멋진 선물을 하고 도움이 필요한 사람을 돕는 것은 아주 행복한 일입니다. 내 힘으로 돈을 모으고 불린다면 그런 행복을 평생 누릴 수 있어요. 그리고 하기 싫은 일을 하지 않아도 되는 자유도 있지요. 경제적 자유를 얻는다는 것은 이렇듯 자신이 좋아하는 일을 하며 행복하게 살 수 있다는 말입니다.

돈의 흐름을 이해하고 잘 운용하는 것은 일종의 게임과도 같습니다. 게임을 좋아하는 친구들은 잘 알 거예요. 아무리 어려운 게임이어도 레벨을 클리어할 수 있는 공략법이 있고 이를 터득해 고수가 될수록 여러분은 더욱더 신이 날 거예요.

사실 우리가 하는 모든 게임이 재밌는 이유는 '경제적'이기 때문이에요. 무언가를 포기해야 내가 원하는 것을 얻는 구조를 시행착오를 통해 계산하고 체험하고 익히는 것만큼 즐거운 게 없죠.

이 책은 여러분이 알아야 할 돈에 대한 다양한 지식을 알기 쉽게 설명하고 있어요. 여기서 읽은 것을 토대로 더 많은 것을 보고 배우며 여러분의 자산을 직접 모으길 바라요. 그리고 그 돈을 투자해 자산을 불려 보기를 바랍니다. 지금껏 몰랐던 재밌고 유익한 새로운 세상을 만나게 될 거예요!

초등학교 때부터 스스로 키우는
'부의 감각'

미국에서는 이른 나이에 금융 교육을 시작합니다. 그에 비해 우리나라 교육은 아이들이 경제적으로 성공할 수 있는 세계관을 가르치는 데 소극적인 것이 사실입니다. 다행히 **주식***, 부동산 등 재테크에 대한 관심이 어느 때보다 높아지고 있습니다. 1년 사이에 미성년자들의 주식 계좌 개설이 열한 배 이상 증가했다고 해요. 그만큼 자녀의 투자와 금융 교육에 부모들의 관심이 뜨겁다는 걸 체감하고 있습니다.

유튜브와 다양한 집필 활동을 하면서 10대를 위한 경제 교육을 해달라는 요청을 많이 받습니다. 저 또한 아이들을 키우면서 금융 지식을 어떻게 해야 재미있고 쉽게 알려 줄 수 있을지 고민이 많았습니다.

《10만 원이 10억 되는 재밌는 돈 공부》의 감수를 하면서 비로소 고민에 대한 답을 찾았습니다. 이 책은 아이들이 좋아하는 게임처럼 단계별로 부의 감각과 금융 지식을 키우고, 스스로 계획을 세워 '10억 모으기'를 시작할 수 있도록 설계되어 있습니다. 그래서 미국 부모들이 자녀에게 첫 투자 교육을 위한 책으로 선물한다고 합니다.

외서이긴 하지만 국내 금융 환경과 다른 부분들은 국내 실정에 맞게 내용을 보강했기 때문에 더 자신 있게 아이들에게 권할 수 있을 것 같습니다.

행복을 위해선 물질적인 부와 정신적인 자산이 모두 필요합니다. 돈으로부터 자유롭기 위해서는 돈을 피하는 게 아니라 돈에 대해 더 잘 알고 잘 다루는 사람이 되어야 하죠. 이것이 지금 당장 아이들이 경제 공부를 시작해야만 하는 이유입니다. 책임감 있는 삶의 골격을 만들어 주는 것은 바로 경제 관념이기 때문입니다. 어느 때보다 조기 경제 교육의 필요성이 높아지고 있는 시점에 이 책이 국내에 출간되는 건 매우 반가운 일입니다. 《10만 원이 10억 되는 재밌는 돈 공부》는 아이들의 미래를 위한 금융 근육을 탄탄하게 키우는 훌륭한 트레이너가 되어 줄 것입니다.

부자가 가득해진 세상을 꿈꾸며
천영록

차례

이 책의 사용 방법

흥미로운 그림과 함께 돈 모으기부터 투자, 사업까지 단계별로 이해하고 실천하면서 '10억 모으기'를 시작하세요!

부자 이웃의 정체

1996년, 부자학의 세계적인 권위자인 토머스 J. 스탠리는 부자들이 실제로 어떤 사람들인지 알아보기로 합니다. 이 연구를 통해 그가 쓴 책의 제목은 《이웃집 백만장자 변하지 않는 부의 법칙》입니다.

스탠리가 들려주는 수많은 이야기들은 늘...다. 대다수 부자들은 호화로운...

본문에 나온 내용 이외에 알아두면 좋은 재미있는 이야기와 추가 정보가 담겨 있어요!

낯선 단어나 새로운 정보에 *표시가 되어 있어요. 171쪽 용어 사전에서 단어의 뜻을 찾아보세요.

한눈에 보기

...는 돈을 쓰는 사람이 아니라 모으는 사람입니다.

...가 되려면 부자의 사고방식을 갖추어야 합니다.

...을 명심한다면 누구든 부자가 될 수 있습니다.

각 장 마지막 페이지에 핵심 내용이 정리되어 있어요.

부자가 되고 싶은 이유를 적어 보세요.

10억을 모으고 싶은 이유는 무엇인가요? 이유를 적어서 꼭 사물함이나 잘 보이는 거울에 붙여 보세요. 함께 누렸을 때 보이는 친창에 붙이거나 사진을 찍어 스마트폰 배경화면에 깔이도 좋습니다. 이렇게 여러분이 매일 들여다보며 명심을 얻을 수 있는 곳에 두세요. 늘 그걸 보면서 변함없이 나아갈 때를 깨단거다.

너무 어렵게 생각하지 마세요. 지금은 일단 돈을 모아서 무엇을 할지 상상해 보세요. 아마도 부자가 되고 싶은 이유는 시간이 지나면서 살라질 거예요. 그러나 여러분이 언제 부자가 되고 결심하든지 부자가 되어 무엇을 하고 싶은지가 진짜 거대할 수 있도록 가득대 보세요.

슈퍼 리치 플랜

...00원

나의 다짐

...은(는) ...삶에 부자가 될 것이다.

경제적 목표

책을 읽으면서 직접 쓰거나 실천하고 익힐 수 있는 곳이 있어요. 꼭 직접 작성해 보세요!

왜 10억일까요?

10억은 1,000,000,000입니다. 0이 아홉 개죠. 요즘은 억 단위가 아니라 조 단위의 숫자도 익숙하게 이야기하죠? 그렇다면 1조는 0이 몇 개일까요? 1,000,000,000,000. 열두 개입니다.

10억 원이란 굉장히 큰돈입니다. 사람마다 돈에 대한 기준이 다르니 억만장자나 그 이상의 부자에게 10억 원이란 대수롭지 않은 돈일 수도 있어요. 그래도 대다수 사람들에게 10억 원이란 무척

큰돈입니다. 1,000원짜리 지폐로 10억 원을 쌓으면 높이가 107미터까지 올라갈 만큼이요!

각자 어느 위치에 서서 바라보느냐에 따라 돈의 기준은 다를 겁니다. 그렇다면 우리가 서 있는 위치에서 바라보는 10억 원이란 분명 큰돈일 거예요.

좋아요. 그럼 이제부터 진지하게 이야기해 볼게요. 너무 진지하겠다는 말은 아니고 약간 농담을 곁들여서 적당히 진지하게 말이죠.

이 책을 읽는 여러분 모두가 10억 원을 모으는

데 성공하리란 법은 없습니다. 사실 10억 원을 모으기란 대다수 사람들이 도달하기 힘든 목표입니다. 그게 그렇게 쉬운 일이라면 세상 사람들 모두 억만장자가 되었을 거예요. 안 그래요?

10억 원을 저축하려면 갖은 노력을 기울여야 하고 약간의 희생도 해야 합니다. 사실 누구나 충분히 할 수 있지만 대부분 하려고 하지 않죠. 그렇다면 이렇게 생각하면 어떨까요? 먼 미래에 얻게 될 여러분의 경제적 독립을 위해 이 정도의 노력과 희생은 그리 크지 않다고요.

물론 이 의견에 동의하지 않는 사람들도 있을 겁니다. 혹여 말로는 동의한다고 하면서 평소 행동은 다르게 하기도 해요. 어떤

ANYONE CAN DO IT, BUT MOST PEOPLE DON'T.

사람들은 자신이 가진 것보다 훨씬 많은 돈을 쓰며 사는 실수를 하곤 합니다. 그들은 '오늘을 산다'라고 말하지만 사실 내일을 위해 아무것도 저축하지 않아요. 신용카드와 불필요한 **대출***로 '내일의 돈'까지 끌어다 쓰며 살고 있거든요.

먼 미래를 지금부터 준비하고 싶다면 이 책을 믿고 따라와 보세요. 여러분은 이제부터 내일을 위한 돈을 모으게 될 겁니다.

돈이 있으면 좋은 이유

1. **자유**: 돈은 자유를 가져다줍니다. 더 말할 필요는 없겠죠? 돈이 있으면 선택지가 늘어납니다. 여러분의 상사가 마음에 안 든다면? 일을 그만두면 됩니다. 엄청나게 시끄러운 이웃이 윗집에 산다고요? 다른 곳으로 이사하세요. 세계를 여행하고 싶다면? 지금 당장 떠나세요. 발레를 배우고 싶다고요? 튀튀와 발레 슈즈를 꺼내세요. 이게 바로 돈의 힘입니다.

2. **안전 그물망**: 인생은 귀엽게 생겼지만 알고 보면 성질이 고약한 오소리를 닮았습니다. 처음에는 미소를 띠며 친절히 굴지만 이내 팔뚝을 물어버리거든요. **비상금***은 잔뜩 화가 난 오소리에게서 우리를 보호해 줄 수 있습니다. 몸이 아파서 병원비로 1억 원을 당장 지불해야 한다고 상상해 보세요. 10억 원을 가지고 있다면 병원비를 지불해도 9억 원이 아직 남아 있는 셈입니다.

3. **남을 돕기**: '밀물은 모든 배를 띄운다'라는 옛말이 있습니다. 돈이 있으면 본인뿐만 아니라 가족을 도울 수 있고 사회에 기여할 수도 있죠. 실제로

많은 부자들이 적든 많든 자기가 가진 재산의 일부를 타인을 돕는 데 씁니다. 학교에 장학금을 기부하고 예술인을 후원하고 노숙인을 도와요. 또는 사업에 투자하기도 하죠. 본인의 노후를 위해 돈을 남겨두는 것도 잊지 않아야겠죠?

왜 10억을 모아야 할까요?

우리는 여러분이 지나치게 욕심을 부리길 바라지 않아요. 여러분의 삶을 지탱해줄 돈에 대해 이야기하고 싶은 겁니다. 더 이상 돈에 휘둘리지 않고 경제적 자유를 누리자는 뜻입니다. 빚*에 시달리지 않고 무수한 선택지 중에 고를 수 있는 삶 말이죠. 당장은 10억까지는 필요 없다고 생각할지도 모르겠어요. 하지만 언젠가는 돈이 넉넉히 필요한 날이 올 겁니다. 앞으로도 평생 부모님의 집에 얹혀살 생각이 아니라면 말이죠. 물론 얹혀살더라도 돈은 필요하답니다.

그래서 우리는 이 책을 썼습니다. 몇 년간 수백 명의 아이들을 인터뷰했고 어린 나이에 어떻게 10억 원을 모을 수 있었는지 연구했습니다. 이 연구 결과를 통해 여러분도 성공의 주인공이 되면 좋겠습니다.

그리고 한 가지 더, 돈에 관한 한 여러분의 과거가 미래를 결정하지 않습니다. 타고난 운이 어떠하든 상관없어요. 여러분이 어디서 어떻게 살고 있든, 예컨대 한 부모 가족이든 입양 가족이든, 혹은 부모님이 안 계시든, 부자이든 가난하든, 도시에 살든 시골에 살든 상관없어요. 무에서 유를 만들어낸 사람들은 굉장히 많답니다. 게다가 우리가 사는 지금은 인류 역사상 그 어느 때보다도 10억을 모으기 쉬운 시대입니다. 물론 이 책에서 말하는 몇 가지 간단한 전략을 잘 따른다면 말이죠.

그렇다면 여러분이 가장 명심해야 할 점은 무엇일까요? 그건 바로 일찍 돈을 벌고 모을수록 돈을 불릴 시간이 늘어난다는 점입니다.

운 좋게도 여러분은 혼자 10억을 다 모으려고 애쓸 필요가 없습니다. 지금부터 차차 여러분에게 그 비법을 알려 드릴 겁니다. 일단 이것부터 말할게요. 여러분의 돈이 돈을 벌어들일 수 있을 만큼 모으기부터 하세요. 말도 안 되는 소리라고요? 아니, 이건 확실히 말이 돼요! 여러분이 아직 어리다면 더더욱 그렇죠. 지금 당장 결심하고 시작하세요!

사탕 가게가
생기기 전

달콤한 성공

열다섯 살 소녀가 어느 쇠락한 동네 사거리의 폐건물에 사탕 가게를 차렸습니다. 소녀의 사업은 성공적이었습니다. 사탕 가게를 찾는

이제 큰 꿈을 그려 보세요

여러분은 10억이 생긴다면 무엇을 하고 싶은가요? 금으로 만든 스케이트보드 타기? 개인 전용기를 타고 열대 섬으로 날아가 점심 먹기? 으리으리한 펜트하우스에서 화려한 파티 열기? 아니면 그보

다는 좀 더 실용적인 목표를 세울 수도 있을 거예요. 대학 등록금 마련하기, 독립해서 살 집 구하기, 도움이 필요한 사람들 돕기. 여러분에게 10억이 있다면 모두 가능합니다. 뭘 망설이고 있나요? 자, 어서 가서 10억을 모으자고요! 이제부터 돈 모으는 재미를 누리세요!

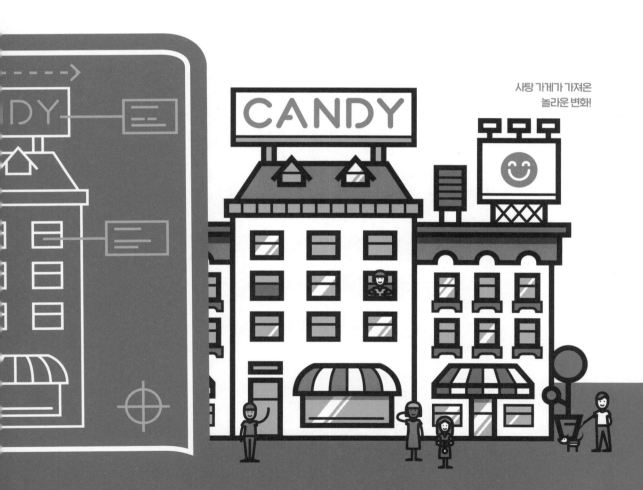

사탕 가게가 가져온
놀라운 변화!

손님이 늘자 바로 옆 건물에 새로운 가게들이 들어서기 시작했고 시내는 점차 활기를 되찾았습니다. 이게 다 소녀의 사탕 가게가 잘 정착한 덕분이었죠.

제1장

부자처럼
생각하자

$1,000,000

THINK LIKE A MILLIONAIRE

진짜 부자들은 어떻게 생겼을까요? 키가 크고 잘생긴 얼굴일까요? 비행기를 타고 전 세계 곳곳을 돌아다니며 살까요?

네, 몇몇 부자들은 그렇죠. 그렇다면 검소하게 살면서 남들 눈에 띄지 않고 살아가는 부자도 있을까요? 네, 대다수 부자들이 그렇습니다. 실제로 부자들은 다양한 삶을 살아가고 있습니다. 그들 중에는 영화배우도 있고 **월 스트리트***의 주식 중개인도 있지만 그리 많지는 않습니다. 어쨌든 부자는 돈을

모으는 사람이지 쓰는 사람이 아닌 것만은 진실입니다.

실제 부자의 모습은 TV에서 묘사되는 것만큼 화려하거나 특별하지 않습니다. 그건 달리 말하면 누구나 부자가 될 수 있다는 뜻이기도 하죠. 멋진 일 아닌가요? 여러분도 할 수 있습니다. 이제껏 한 번도 저축해 본 적이 없거나 부자가 되기엔 자신이 똑똑하지 않은 것 같더라도 말이죠. 여러분은 해낼 수 있습니다.

어떻게 부자가 될까요?

지금이라도 당장 여러분이 실천할 수 있는 방법이 있습니다. 신발을 갈아 신는 일만큼 쉬워요. 바로 '부자의 사고방식'을 따르는 것입니다.

부자의 사고방식이란 '태도'를 말해요. '10억 모으기'라는 목표를 달성하기 위해 전력을 다하는 태도를 말합니다. 미적지근한 태도로는 곤란해요. 목표를 이루려면 진심을 다해야 합니다. 영화 〈오즈의 마법사〉에서 최선을 다해 마법사를 찾아내 결국 캔자스 집으로 돌아올 수 있었던 도로시처럼 말이죠. 여러분은 10억을 모을 수 있다고, 그럴 자격이 있다고 마음을 다잡아야 해요. 결국 '부자처럼 생각하기'란 목표를 달성하기 위해 진심을 다해 노력하는 것입니다. 여러분은 올바른 '부자의 사고방식'을 가지기만 하면 됩니다.

화려한 길이 아닌 나만의 길을 찾아요

그렇게 간단한데 왜 모든 사람들이 부자가 되지 못하냐고요? 경제적 목표를 세우고 그 목표를 달성하기 위해 오랫동안 꾸준히 노력하는 것은 꽤 어려운 일이기 때문입니다. 돈을 쓰는 순간 우리는 행복하고 더 건강해진 것 같고, 사람들의 주목을 끌거나 크게 성공한 기분이 들곤 하죠. 유혹을 견디기란 참 어렵습니다. 특히 주위 사람들이 최신 휴대전화나 게임기를 샀다는 얘기를 들을 때면 더욱 그렇겠죠.

부자가 되는 중요한 비결 중 하나는 다른 사람들이 가졌다는 이유로 불필요한 물건을 사지 않는 것입니다. 부자처럼 생각하려면 돈을 쓰기보다는 어떻게 하면 돈을 모을지 늘 고민해야 합니다. 다시 말해 작년에 신었던 운동화를 1년 더 신는다는 뜻이죠. 친구들이랑 놀러 나갈 시간에 일터에서 추가 근무를 하거나 외식하는 대신 집에서 밥을 먹는다는 뜻이기도 해요.

더 필요한 것들

더 모으고 덜 쓰기, 부자의 사고방식의 기본입니다. 하지만 갖추어야 할 요소는 더 있습니다. 부자의 사고방식을 가지려면 무엇이 더 필요할까요?

1. **집중력**: 10억 모으기는 굉장히 야심 찬 목표입니다. 이 목표를 달성하려면 집중력을 잃지 말아

야 합니다. 계획대로 일이 진행되지 않는다거나 투자를 했다가 돈을 잃는 등 갖가지 좌절을 겪을 수도 있습니다. 무엇보다도 돈을 모으기보단 쓰도록 유도하는 온갖 유혹들이 너무나 많아요. 최종 목적지를 향해 어떻게 하면 흔들리지 않고 끝까지 나아갈 수 있을지 늘 집중해야 합니다.

2. 인내심: 여러분도 하루아침에 부자가 되고 싶을 겁니다. 실제로 순식간에 부자가 된 사람들도 있긴 하죠. 복권에 당첨되거나 재산을 물려받거나 유용한 스마트폰 앱을 개발했다거나. 하지만 그건 일부에 불과합니다. 대다수의 부자들은 긴 기간에 걸쳐 재산을 쌓았습니다. 저축하고 투자하고 기다립니다. 모아둔 돈을 잘 지키는 동시에 정기적으로 돈을 계속 불려 나갑니다.

3. 자신감: 다른 사람들이 사는 대로 산다면 부자가 되기 힘들어요. 돈을 모으려면 독립적인 사고를 해야 합니다. 눈앞의 것만 따라다니는 양처럼 되지 마세요. 요즘 유행하는 옷이나 최신 전자기기 따위로 사람들의 눈을 사로잡으려는 행동은 부자가 되지 못하는 지름길이나 다름없습니다.

4. 지식: 부자가 되려면 돈을 잘 알아야 합니다. 돈을 어떻게 모으고 불리고 지킬 수 있는지 제대로 알아야 하죠. 운 좋게도 여러분은 이 책을 통해 알게 될 겁니다!

부자 이웃의 정체

1996년, 부자학의 세계적인 권위자인 토머스 J. 스탠리는 부자들이 실제로 어떤 사람들인지 알아보기로 합니다. 이 연구를 통해 그가 쓴 책의 제목은 《이웃집 백만장자 변하지 않는 부의 법칙》입니다.

스탠리가 들려주는 수많은 이야기들은 놀랍습니다. 대다수 부자들은 호화로운 차를 타지도 않았고 돈이 많이 드는 휴가를 보내지도 않았죠. 오히려 반대였습니다. 부자들은 버는 돈에 비해 덜 쓰고, 중고차를 몰고, 검소한 집에서 살았습니다. 그들은 현명하게 돈을 투자하며 남에게 멋져 보이려고 물건을 사지도 않았습니다. 다시 한 번 말하지만 부자는 돈을 쓰는 사람이 아니라 돈을 모으는 사람입니다.

부자 되기 습관

'습관'은 손톱을 물어뜯거나 코를 파는 행동을 가리키느라 오랫동안 부당한 대접을 받아온 단어입니다. 물론 습관 중에도 좋은 습관이 있죠. 그중 하나가 돈을 저축하는 습관일 겁니다. 이는 부자들 대다수가 갖고 있는 습관입니다. 부자들은 엄청나게 많은 돈을 모으는 법을 알고 있으며 천천히 꾸준하게, 규칙적으로 실천합니다.

저축하는 습관을 들이는 방법은 간단합니다. 하루에 1,000원씩 모으는 겁니다. 너무 많다고요? 걱정 마세요. 그럼 절반인 500원씩 모으면 됩니다. 금액이 얼마이든 0원보다 낫습니다. 좋은 금전 습관을 갖기 위해서는 시간이 걸립니다. 세상 어떤 일이든 첫걸음부터 떼고 차근차근 나아가면 됩니다.

절대 포기하지 마세요!

아무리 현명한 부자여도 1930년대 **대공황***이나 **2008년 금융 위기***와 같은 경제적 불운을 겪을 가능성은 있습니다. 더 나은 미래를 계획하며 노력하던 수많은 사람들이 불황을 겪으며 엄청난 타격을

받았죠. 그중 일부는 불황을 겪기 전 상태로 돌아올 수 있었습니다. 운이 좋기도 했지만 그들은 **끈기***가 강한 사람들이었습니다.

역사상 최고의 농구 선수로 손꼽히는 마이클 조던은 이렇게 말했습니다. "나는 실패를 받아들일 수 있다. 누구나 실패를 겪는다. 그러나 시도조차 하지 않는 건 용납할 수 없다."

토머스 에디슨도 백열전구를 밝히기 위해 1,000번도 넘게 실패를 거듭했습니다. 결국 백열전구를 밝히는 데 성공한 에디슨은 인류 역사를 바꾸었죠.

실패를 좋아하는 사람은 없을 거예요. 하지만 부자들은 계속 도전하고 실패합니다. 그들은 실패란 그저 게임의 일부에 불과하다는 사실을 알고 있거든요. 실패를 한다고 해도 그걸 통해서 배우고 다시 도전하면 되니까요.

실패를 두려워 마세요. 실수도 하고 어려움도 겪으며 꾸준히 나아가세요. 집중력과 인내심, 자신감, 현명함을 잃지 마세요. 그러다 보면 돈을 벌 수 있는 더 좋은 기회가 찾아올 겁니다.

부자 되기 계획

대다수 부자들은 계획을 세우지 않았다면 그토록 엄청난 경제적 목표를 이루는 데 성공하지 못했을

> SAVE MORE, SPEND LESS.

겁니다. 이 책에서 우리는 경제적 독립(즉, 부자 되기)을 이루기 위한 계획을 어떻게 세우면 좋을지 단계별로 살펴보겠습니다. 부자가 되는 비법을 가르쳐 주고 그 과정에서 빠지기 쉬운 함정도 짚어 줄 겁니다.

돈 벌기는 게임과 같습니다. 우리는 이 게임의 기본 규칙을 여러분에게 알려 주려고 합니다. 그전에 잠시, 여러분이 정말로 이 길에 전념할 생각이 있는지 확인하고 싶습니다. 여러분은 부자처럼 생각할 수 있습니까? 목표에 집중할 수 있습니까? 부자의 사고방식을 따르고 10억이라는 돈을 모으는 데 집중한다면 여러분은 반드시 목표를 달성할 수 있을 겁니다.

거울에 비친 여러분의 모습을 바라보는 것부터 시작하세요. 그리고 다음 쪽에 등장하는 문장을 반복해서 소리 내어 읽으세요. 자, 지금 바로 책장을 넘겨 보세요!

에너지 넘치는
토머스 "스파키" 에디슨
Thomas "Sparky" Edison

공중을 나는
마이클 "에어" 조던
Michael "Air" Jordan

"나는 미래에 꼭 부자가 될 거야!"

한눈에 보기

. . . .

1. 부자는 돈을 쓰는 사람이 아니라 **모으는 사람**입니다.

2. 부자가 되려면 **부자의 사고방식**을 갖추어야 합니다.

3. 1, 2번을 명심한다면 **누구든 부자**가 될 수 있습니다!

부자가 되고 싶은 이유를 적어 보세요.

10억을 모으고 싶은 이유는 무엇인가요? 이유를 적어서 학교 사물함이나 집에 있는 거울에 붙여 보세요. 침대에 누웠을 때 보이는 천장에 붙이거나 사진을 찍어 스마트폰 바탕화면에 깔아도 좋습니다. 어디든 여러분이 매일 들여다보며 영감을 얻을 수 있는 곳에 두세요. 늘 그걸 보면서 변함없이 나아갈 힘을 얻을 겁니다.

너무 어렵게 생각하지 마세요. 지금은 일단 돈을 모아서 무엇을 할지 상상해 보세요. 아마도 부자가 되고 싶은 이유는 시간이 지나면서 달라질 거예요. 그러니 여러분이 언제 부자가 되기로 결심했는지, 부자가 되어 무엇을 하고 싶었는지 잘 기억할 수 있도록 기록해 두세요.

제2장

목표를
정하자

$1,000,000

SET FINANCIAL GOALS

여러분은 어떤 인생을 살고 싶나요? 여행가? 비포장도로 위를 달리는 바이크 선수? IT 업계의 **거물***? 디자이너, 우주 비행사, 프로 스케이트보드 선수? 아니면, 이걸 다 해 보고 싶다고요?

여러분에게 돈이 충분하다면 원하는 것을 하며 살 수 있는 기회는 더 많아집니다. 그러려면 일단 경제적 목표를 이루기 위한 계획을 세워야 합니다.

목표를 이루기 위한 계획이 있다면 '돈의 바다'에서 표류하지 않을 수 있습니다. 여기서 계획이란 '경제적 자유를 누리는 섬'으로 가는 길이 표시된 지도와 같습니다. 계획과 목표 없이 항해를 하다간 암초에 부딪힐 수 있죠. 간절히 돈이 필요한 순간이 왔을 때 기회를 놓칠 수도 있습니다.

목표 설정하기는 한 번에 그쳐선 안 됩니다. 시간별, 일별, 주별, 월별, 분기별, 연도별, 또는 5년이나 10년, 20년 계획, 심지어 평생에 걸친 계획을 세울 수도 있습니다. 이 책에서는 **단기 목표***, **중기 목표***, **장기 목표***로 나누어 설명하겠습니다.

돈을 모으는 팁

경제적 목표를 달성하는 데 도움이 될 만한 방법을 알려 드립니다. 여러분이 세운 각 경제적 목표마다 별도로 계좌를 만드는 방법입니다. 예컨대 새 컴퓨터 구입 등 단기 목표는 보통 예금 , 대학 입학금 등의 중기 목표는 정기 예금 , 은퇴 를 위한 장기 목표는 개인 퇴직연금 . 이렇게 각각 계좌를 만들어 돈을 모으는 겁니다. 아직 개인 계좌를 가지고 있지 않다면 부모님과 함께 은행 이나 신용협동조합 에 가서 예금 계좌를 만들어 보세요.

보통 예금이니 정기 예금이니 다소 앞서 나가는 이야기를 늘어놓았네요. 좀 더 알아보고자 한다면 계속해서 책장을 넘기세요. 다양한 종류의 투자 방법에 대해서는 9장에서 자세히 다룰 예정입니다.

단기 목표 세우기
(지금부터 1년까지)

다음 주에 개봉하는 영화를 보러 갈 돈이 필요한가요? 새 휴대전화나 장난감을 사고 싶은가요? 가게를 열기 위한 자금을 마련할 계획인가요? 아니면 일단 10억을 모으기 위한 첫걸음을 떼고자 하나요? 이들은 모두 '단기 목표'에 해당합니다.

단기 목표는 어떻게 달성할 수 있을까요? 일단 목표액을 정한 다음, 달성하고자 하는 기간으로 나누어 봅시다. 예컨대 여러분이 너무나 갖고 싶은 자전거가 있다고 가정해 볼게요. 자전거 가격은 10만 원입니다. 내년 여름까지는 꼭 가지고 싶은데 그때까지 10개월이 남았어요. 그럼 한 달에 1만 원씩 저축하면 목표를 달성할 수 있습니다. 어때요? 할 수 있겠나요? 상황이 여의치 않다면 목표를 조정합니다. 버는 돈을 늘리거나 쓰는 돈을 줄여야겠죠. 둘을 병행해도 좋고요. 돈 모으는 기간을 더 늘리는 방법도 가능합니다.

중기 목표 세우기
(1년부터 10년까지)

스무 살이 넘으면 차를 사고 싶다거나 부모님으로부터 독립을 하고 싶다면, 그리고 대학 등록금을

경제적 자유를 누리는 섬으로 가는 코스

단기 목표
지금부터 1년까지

중기 목표
1년부터 10년까지

GO!

장기 목표
10년 이상

스스로 모아야겠다고 마음먹었다면 '중기 목표'로 분류하면 좋습니다. 이번에도 역시 목표액을 정하고 달성하고자 하는 기간으로 나눕니다.

유럽 여행을 예로 들어 볼게요. 여행 경비는 300만 원이며 5년 안에 떠날 계획이라면 매월 얼마나 모아야 할까요? 매월 5만 원씩 저축해야 합니다. 그렇다면 매월 5만 원을 모으는 단기 목표를 새로 설정할 수 있겠죠? 만약 5만 원을 모으는 게 힘들다면 목표를 조정하세요. 여행 경비를 줄이거나 여행 날짜를 미루고 돈을 더 벌 수 있는 방법을 생각해 내는 겁니다.

장기 목표 세우기
(10년 이상)

여기에 해당하는 목표 기한은 10년, 20년, 30년, 40년, 그 이상도 가능합니다. 아마 여러분에게는 아주 먼 일처럼 느껴지겠죠? 대다수 어른들도 여러분 나이에는 똑같이 생각했어요. 하지만 어느 날 갑자기 깨닫죠. '아, 늦어도 열한 살부터는 장기 목표를 고민했어야 하는데!'

혹시 여러분은 일찍 직장을 그만

두고 은퇴 생활을 즐기고 싶은가요? 전 세계를 돌아다니며 여행을 하거나 내 집을 마련해 아이를 키울 계획이 있나요? 또는 반려동물을 여러 마리 키우며 살고 싶은가요? 그중 몇 가지 목표들은 큰돈이 필요할 것 같군요. 그러려면 장기 목표를 세우는 게 도움이 될 겁니다.

40년간 10억 원을 모아야 한다고 가정해 볼게요. 10억을 40으로 나누면 매년 2,500만 원을 모아야 합니다. 여러분이 지금 어떻게 생각할지 짐작되네요. "난 이제 열한 살이라고요. 그렇게 큰돈은

목표를 종이에 적어서
매일 볼 수 있는 위치에 두면 좋아요.

절대 모을 수가 없어요!" 다행히 여러분이 40년간 매년 2,500만 원을 모을 필요는 없답니다. 돈이 돈을 벌어들이기 시작하는 순간이 찾아오거든요. 이 돈의 마술에 관해서는 뒤에서 자세히 다룰 겁니다. 아, 궁금하다고 해서 그냥 뒷장으로 건너뛰지는 말고요!

구체적인 목표를 적어 보세요

목표는 명확하고 구체적으로 세워야 합니다. 무엇을 원하는지 제대로 설명할 수 있어야 하죠. 그러려면 손으로 직접 내용을 적어 보세요. 아니면 컴퓨터로 문서를 작성하거나 문자 메시지로 남겨 두는 것도 좋습니다. 이 책의 부록에 실린 '슈퍼 리치 플랜'을 활용하세요.

목표에 대해 작성한 종이는 책상 앞이나 냉장고 등 매일 눈에 띌 만한 자리에 붙여 두세요. 목표를 적은 종이를 코앞에 두고 지내면 여러분이 목표를 이룰 수 있는 가능성도 높아질 겁니다.

아, 목표를 수정하고 싶으면 어떡하냐고요? 걱정할 필요 없습니다. 목표란 시간에 따라 변하기 마련이니까요.

액세서리를 산악자전거로 바꾸는 법

평소 산악자전거를 즐겨 타는 크리스는 새 자전거가 갖고 싶었습니다. 크리스는 1년 안에 새 산악자전거를 구입하겠다는 목표를 세웠죠. 그러려면 매달 5만 원씩 모아야 한다는 계산이 나왔습니다.

크리스는 돈을 모으기 위해 직접 액세서리를 만들어 주변 친구들과 가족에게 팔았습니다. 주말에는 동네 피자가게에 가판대를 차려 액세서리를 팔기도 했습니다. 지켜보던 친구들은 그런 크리스를 우습게 여겼죠. 크리스가 새 자전거를 타고 거침없이 달리며 튀겨대는 진흙 세례를 받기 전까지는 말이에요!

100억짜리 가짜 수표가 가져다 준 것

영화 〈마스크〉, 〈덤 앤 더머〉, 〈트루먼 쇼〉 등으로 유명한 짐 캐리는 할리우드에서 역대 최고 수준의 출연료를 받은 배우입니다. 영화를 한 편 찍으면 수백억 원을 벌었죠. 하지만 처음부터 그랬던 건 아닙니다.

1985년에 무명 배우였던 짐 캐리는 할리우드에서 성공하기 위해 고군분투하고 있었습니다. 어느 날 그는 차를 몰고 할리우드 힐스의 정상까지 올라가 자신의 미래를 그려 보았습니다. 그리고 가짜 수표에 '100억'이라는 숫자를 적었습니다. 1995년 추수감사절이라고 구체적으로 날짜를 쓰고 '출연료로 지급합니다'라는 메모를 덧붙였죠. 짐 캐리는 이 수표를 자신의 지갑에 항상 간직하며 들여다보았습니다.

그리고 다음으로 이어질 이야기는 여러분이 아는 그대로입니다. 짐 캐리는 특유의 낙관적인 성격과 끈기로 마침내 성공을 거두었고 그가 출연한 수많은 영화들은 엄청나게 흥행을 했습니다. 그의 출연료는 편당 200억 원까지 올라갔죠. 그가 무명 배우였던 시절에 직접 작성한 100억짜리 수표는 그가 성공에 온 정신을 집중하는 데 도움을 주었습니다.

여러분은 자신이 원하는 미래를 위해 지금 무얼 하고 있나요? 어쩌면 현재의 상태가 최선이라고 여기고 있을지도 모르겠어요. 장애물처럼 여겨지는 것들이 있더라도 미래의 성공에만 정신을 집중하면 어떨까요? 복권에 당첨되거나 부자 삼촌이 재산을 남기고 돌아가신다든지 하는 운은 기대하지 마세요. 여러분이 어떤 미래를 원하는지 정하고 부지런히 계획과 목표를 세우세요. 짐 캐리처럼 직접 수표를 작성해 20년 뒤의 날짜를 적어 두는 것도 방법이겠죠?

진행 상황을 수시로 점검해요

아무리 훌륭한 계획을 세우더라도 문제가 생길 수 있습니다. 어느 날 갑자기 일자리를 잃을 수도 있고 연봉이 올랐다는 기쁜 소식을 들을 수도 있겠죠. 갖고 있던 주식이 급등할 수도, 폭락할 수도 있고요. 그러니 항상 상황이 어떻게 돌아가는지 잘 파악하고 얼마나 계획대로 진행되고 있는지 바로 바로 확인하세요.

만약 1년 안에 끝내주게 멋진 전자기기를 갖겠다는 단기 목표를 세웠다면 매달 잠시 멈춰 서서 현재의 상황을 점검하는 거죠. 어쩌면 계획보다 그 이상의 성과를 거두고 있을지도 몰라요. 아주 잘된 일이죠! 계획에 미치지 못하고 있다면 빨리 조정을 해야겠죠?

그러니까 핵심은!

누구나 미래에 무얼 하고 싶은지, 어떤 삶을 살고 싶은지 상상하고 꿈꾸곤 합니다. 목표를 정하고 그걸 눈에 보이도록 기록하고 어떻게 달성할지 구체적인 계획을 세우세요. 그러면 여러분이 바라던 바를 이룰 확률은 더욱 높아집니다. 경제적 목표에 알맞은 계획을 세우는 작업은 여러분의 미래를 위한 밑거름이 될 겁니다.

한눈에 보기

1. 10억을 모으려면 일단 **단기 목표, 중기 목표, 장기 목표를** 구분해서 세워야 합니다.

2. 목표를 **직접 적어** 보세요.

3. 진행 상황을 **수시로 점검**하고 필요에 따라 조정하세요.

제3장

예산을 세우자

$1,000,000

MAKE
A BUDGET

미리 지도나 경로를 확인하지 않고 새로운 장소를 찾아가 본 적 있나요? 쉽지 않죠? 현명한 행동도 아닙니다.

이와 마찬가지로 경제적 목표를 이루기 위해서는 길 안내가 꼭 필요합니다. 바로 '예산* 정하기'가 훌륭한 지도 역할을 해 줄 거예요. 여러분이 현 위치에서 부자의 자리까지 다다를 수 있도록 도와줄 겁니다.

예산은 현재 여러분이 가진 돈의 한도 내에서 어떻게 생활하면 될지 알려 줍니다. 월별 예산안을 짜두면 들어오는 돈(수입*)과 나가는 돈(지출*)을 간략하게 정리할 수 있고 돈이 오갈 때면 예산을 참조해서 소비와 저축이 어떻게 이루어지고 있는지 한눈에 확인할 수 있죠. 간단히 말해, 정해진 예산 내에서 목표를 달성하는 게임이라고 생각하면 됩니다.

(p.40에 계속 ➜)

오페라 하우스의 비밀

시드니의 오페라 하우스는 호주의 대표 건축물이며 세계적인 상징입니다. 그리고 하나 더, 현대 역사상 가장 막대한 예산 실패 사례이기도 합니다.

오페라 하우스의 공사는 1959년에 시작되었습니다. 호주 정부가 주최한 공모전에서 덴마크 건축가 요른 웃손의 출품작이 당선된 뒤였죠. 오페라 하우스의 공사 기간은 본래 4년이 걸릴 예정이었고 예산은 약 60억 원이었습니다. 그러나 오페라 하우스는 14년 만에 완공되었고 총 비용은 880억 원에 달했습니다. 예산의 약 열다섯 배가 넘는 돈이 들었죠. 아이쿠!

예산 짜기

예산을 짜는 것은 어렵지 않아요. 매달 들어올 수입을 계산하고 매달 나가는 지출을 수입과 비교하면 됩니다.

수입은 용돈, 급여, 상품권, 저축이나 투자 **포트폴리오***로부터 얻은 **이자*** 등입니다. 지출은 한 달 동안 쓴 돈이죠. 식사나 간식, 취미, 옷, 학용품 등을 사는 데 쓴 돈 전부를 더하면 됩니다.

머릿속에 떠오르는 온갖 지출들을 목록에 기록하고 동전 하나라도 빠짐없이 계산하세요. 그러려면 영수증을 챙기는 게 중요하답니다. 영수증을 잘 모아 두었다가 예산에 입력하세요. 대부분의 사람

들이 이 방법을 실천하지 못해요. 자잘한 소비는 빠르게 잊어버리고요.

예산을 만들고 기록해 보니 지출이 수입보다 많다면 방법은 두 가지입니다.

1. 수입을 늘린다.

2. 지출을 줄인다.

아, 하나 더 있네요.

3. 앞의 두 가지 방법을 적절히 섞는다.

가령 여러분이 10억 모으기의 여정을 시작했다고 생각해 볼게요. 일단 매달 1만 원씩 총 10만 원을 모으겠다는 단기 목표를 세웁니다. 예산을 살펴보면 돈이 어떻게 들어오고 나가는지 알 수 있겠죠? 수입과 지출의 흐름이 눈에 들어올 겁니다. 그러면 매달 1만 원을 모은다는 목표에 알맞도록 개선이 가능하죠!

모든 지출을 예산에 반영하세요. 물론 새로 산 스케이트보드용 운동화도 빠뜨리지 말고 넣어야죠.

예산은 간단명료하게

예산을 너무 복잡하게 짤 필요는 없어요. 간단하게 관리하세요. 버는 돈 이상으로 쓰지 말고 10억 만들기 목표를 위해 매달 저축해야 하는 돈을 빠뜨리지 말고요. 예산을 잘 관리해 모아둔 돈의 규모가 커졌다면 10억 만들기 저축과는 별도로 비상 자금을 준비해야 합니다.

"전문가들의 말에 따르면요, 혹시 모를 위기에 대비해 한 달 수입의 세 배에서 여섯 배 정도 되는 돈은 따로 준비해 두는 게 좋대요."라는 이야기로 부모님을 감동시켜 보세요. (p.45에 계속 ➡)

월별 예산안 짜기

그럼 이제부터 월별 예산안을 어떻게 만드는지 예시를 보여 드릴게요. 여러분이 지난주에 이번 달 용돈 2만 원을 받았고 청소, 심부름 등으로 2만 원을 벌었으며, 특별히 할머니께 예상치 못한 용돈 5,000원을 받았다고 가정해 봅시다. 총 수입은 4만 5,000원이네요. 좋아요. 그럼 '수입' 칸에 기록하세요.

물론 매주 4만 5,000원을 벌진 않겠죠. 수입은 들쑥날쑥할 겁니다. 할머니께 5,000원을 받는 일이 매주 벌어지진 않을 테니까요. 그다음 주에는 게임팩 몇 개를 팔거나 집안일을 도와서 돈을 마련할 수도 있습니다. 다음 달에는 수입이 얼마나 될지 예측해 보세요. 신중한 게 좋아요. 자신 있다고요? 그럼 수입이 10만 원쯤 된다고 가정해 볼게요.

9월 예산안		
수입		
첫째 주	용돈	20,000원
	청소, 심부름 하기 등	20,000원
	할머니 용돈	5,000원
둘째 주	-	0원
셋째 주	게임팩 팔기	30,000원
넷째 주	집안일 하기	25,000원
합계	100,000원	

이제 지출이 예상되는 항목을 적어 볼 차례입니다. 월 저축액 1만 원도 여기에 들어갑니다. 물론 저축은 지출과 다르지만 이 항목에 넣으세요. 그리고 자신의 계좌에 먼저 입금하세요. 돈을 다 쓰기 전에 저축할 돈부터 은행에 넣도록 만드는 훌륭한 전략이랍니다! 금융 전문가들은 이 전략을 실천하지 않는다면 저축 목표를 달성하기란 불가능하다고 말했습니다.

다음으로는 여러분이 지출할 돈을 적어 보세요. 점심값, 휴대전화 요금, 새 신발과 게임 아이템 구입, 영화 관람, 동생에게 빌렸다가 갚을 돈 등 모든 지출 항목을 빠뜨리지 말고 기록하세요. 평소 영수증을 챙기는 습관을 들이면 정확한 금액을 파악할 수 있어 좋습니다. 예상 지출 항목과 실제 지출 항목이 약간 다를 수도 있어요. 그러니까 월말에는 꼭 예산안을 업데이트해야 합니다.

다시 한 번 말하지만 어떤 항목이든 하나도 빠뜨리지 마세요. 매주 지출 항목을 확인해 월 예산안과 비교해 보세요. 만약 총 지출액이 수입을 넘어선다면 예산이 무너지게 됩니다. 수입을 늘리거나 지출을 줄일 때까지 일단 보류해야 할 항목들이 있을 겁니다.

자, 다음의 지출 항목에서 우선순위를 구별할 수 있겠죠? 이번 달에 보류해야 할 항목이라면 운동화와 영화 관람을 들 수 있겠네요.

9월 예산안		
수입		
첫째 주	용돈	20,000원
	청소, 심부름 하기 등	20,000원
	할머니 용돈	5,000원
둘째 주	–	0원
셋째 주	게임팩 팔기	30,000원
넷째 주	집안일 하기	25,000원
합계	100,000원	
지출		
첫째 주	저축	10,000원
	휴대전화 요금 (부모님과 나눠서 납부함)	10,000원
둘째 주	영화 관람	16,000원
셋째 주	점심	28,000원
	스케이트보드 바퀴 교환	42,000원
넷째 주	동생 돈 갚기	2,000원
	운동화	110,000원
합계	218,000원	
수입액 – 지출액	-118,000원	
예산 실패!		

자, 최종 예산안은 다음과 같습니다.

9월 예산안

수입	예상		실제	
첫째 주	용돈	20,000원	용돈	20,000원
	청소, 심부름 하기 등	20,000원	청소, 심부름 하기 등	20,000원
			할머니 용돈	5,000원
둘째 주	–	0원	–	0원
셋째 주	게임팩 팔기	30,000원	게임팩 팔기	30,000원
넷째 주	–	0원	집안일 하기	25,000원
합계	70,000원		100,000원	
지출	예상		실제	
첫째 주	저축	10,000원	저축	10,000원
	휴대전화 요금 (부모님과 나눠서 납부함)	10,000원	휴대전화 요금 (부모님과 나눠서 납부함)	10,000원
둘째 주	영화 관람	16,000원	–	0원
셋째 주	점심	28,000원	점심	28,000원
	스케이트보드 바퀴 교환	42,000원	스케이트보드 바퀴 교환	42,000원
넷째 주	동생 돈 갚기	2,000원	동생 돈 갚기	2,000원
	운동화	110,000원	–	0원
합계	218,000원		92,000원	
수입액 -지출액	-118,000원		8,000원	
	예산 실패!		예산 성공!	

처음 시작할 때는 돈이 빠듯할 수 있어요. 절충해야 할 것들도 생기겠죠. 식당에서 밥을 사 먹는 대신에 도시락을 싸서 들고 다닐 수도 있고, 영화관에 가는 대신에 집에서 무료 영화를 볼 수도 있습니다. 자, 예산에 맞추느라 애쓴 결과로 여러분은 2만 5,000원을 절약했습니다! 작은 희생이 따르지만 보상은 크죠.

예산을 처음 짤 때는 완벽하게 하기 어렵습니다. 계속해서 다듬어야 하죠. 3개월 동안은 매일 예산을 꼼꼼하게 정리하면서 수입과 지출이 어떤 식으로 작동하는지 살펴보세요. 6개월은 쭉 유지하면서 미래 자산에 어떤 영향을 끼치는지 보세요. 예산을 관리하는 훈련을 해두면 평생 좋은 금융·투자 습관을 기를 수 있어요.

현금 봉투 활용법

예산을 지키려면 현금을 적절히 활용하는 게 가장 좋습니다. 지출의 성격에 따라 분류한 봉투에 현금을 넣어 두는 거죠. 가령 취미를 위한 지출로 월 3만 원을 쓰기로 했다면 현금 3만 원을 봉투에 넣고 봉투 겉면에 '취미'라고 써둡니다. 취미로 분류할 만한 지출이 생길 때마다 봉투 안의 현금을 꺼내 쓰고 봉투에 넣어 둔 현금을 다 썼다면 이달의 취미 지출은 다 썼다고 생각하면 됩니다. 혹시 현금이 남는다면 다음 달을 위해 그대로 봉투에 넣어 두거나 저축을 해도 좋습니다.

한눈에 보기

1. 예산안은 **경제적 목표를 달성**하는 데 도움이 됩니다.

2. 예산이 무너지면 **수입을 늘리거나 지출을 줄이거나** 둘 다 실천하거나!

3. 저축에 성공하려면 **'자신의 계좌에 먼저 입금**하세요!'

제4장

돈을 버는 다섯 가지 방법

$1,000,000

FIVE WAYS TO
GET MONEY

돈을 벌려면 일단 **종잣돈***이 있어야 합니다. 그렇다면 종잣돈을 만드는 첫걸음은 어떻게 뗄까요? 일단 1,000원을 모으는 것부터 시작해 봅시다. 아마 꽤 쉬울 겁니다.

부모님에게 1,000원만 줄 수 있느냐고 물어봐도 좋습니다. 1만 원은 한번 요청해 보고 반응을 살필 수도 있겠죠. 그렇다면 10만 원은 어떨까요? 아마 완전히 다른 반응이 나오겠죠? 이번 장에서 우리는 10만 원을 모으겠다는 단기 목표를 세우고 이

야기를 시작할 겁니다.

자, 이제 10만 원을 모을 계획을 세워 봅시다. 왜 10만 원을 모아야 하냐고요? 이 책의 제목이 《10만 원이 10억 되는 재밌는 돈 공부》거든요. 10만 원부터 시작해 장기 목표는 10억 원으로 세울 겁니다. 격차가 너무 크다는 건 알아요. 하지만 10만 원을 모을 수 있다면 10억도 얼마든지 모을 수 있습니다. 이 책을 믿으세요!

10만 원을 만드는 다섯 가지 방법

단기 목표를 달성해 10만 원을 모으려면 다음 다섯 가지 방법을 고려해 봅시다.

1. 용돈 받기

〈타임〉에 따르면 미국의 부모 61%가 자녀에게 용돈을 준다고 합니다. 아마 여러분도 부모님께 용돈을 받고 있을 거라고 생각합니다. 집안일을 도운 대가로 용돈을 받을 수도 있고 경제 관념을 익힌다는 의미에서 매월 일정 금액을 받을 수도 있겠죠. 그렇다면 아주 잘됐네요. 용돈의 일부를 떼어 저축하는 방법으로 경제적 자유의 섬으로 향하는 첫걸음을 쉽게 뗄 수 있거든요.

그럼 얼마나 저축해야 할까요? 그건 용돈의 액수에 따라 다릅니다. 앞서 우리가 정했던 단기 목표가 10만 원을 10개월 동안 모으는 거였죠? 미국의 부모들이 평균적으로 자녀에게 주는 용돈은 월 7만 원 정도라고 합니다. 만약 여러분이 딱 그만큼의 용돈을 받는다면, 그리고 그걸 전부 저축한다면 1개월 반 만에도 10만 원을 모을 수 있어요!

하지만 용돈 전부를 저축하는 건 현실적으로

불가능하잖아요. 만약 그보다 용돈을 많이 받는다면 단기 목표액을 10만 원보다 약간 높이세요. 아, 7만 원보다 적게 받는다고요? 걱정 마세요. 목표 기간을 조금만 늘리면 됩니다.

여러분이 현재 용돈을 얼마나 받는지는 상관없습니다. 아래의 두 가지 방법으로 용돈의 위력을 더욱 키워 보세요.

- **용돈을 올려 달라고 요청하기:** 어른들이 직장에서 연봉을 협상하듯 여러분도 용돈 인상을 요청할 수 있어요. 하지만 인상이 필요한 이유를 제대로 준비해야 할 거예요. "엄마. 저 용돈 올려 주실래요?"보다는 "엄마, 용돈을 주당 1,000원씩 올려

주신다면 강아지 산책을 매일 시킬게요."가 더 효과적이겠죠? 요구하는 인상액은 합리적이어야 하며 그에 걸맞은 이유를 댈 수 있어야 합니다.

· **저축하고 쓰고 나누기**: 여러분은 용돈으로 무얼 하나요? 간식을 사거나 쇼핑하는 데 다 써 버리나요? 그렇다면 용돈으로 할 수 있는 한 가지, '쓰기'만 했네요. 용돈으로 할 수 있는 건 세 가지예요. '저축하기, 쓰기, 나누기'.

용돈을 받기 전에 '저축하기, 쓰기, 나누기' 이렇게 세 가지 범주에 각각 얼마씩 배분할지, 어디에 보관할지 결정하세요. 유리병, 돼지저금통, 봉투, 상자, 양말 등 세 개면 어떤 것이든 상관없습니다. 각각 '저축하기, 쓰기, 나누기'라고 이름표를 붙이기만 하면 됩니다. 이렇게 미리 결정해 두면 10만 원이라는 저축 목표를 빨리 달성할 수 있을 겁니다.

저축하기로 한 돈은 가능한 한 빨리 은행이나 신용협동조합 등 여러분의 계좌에 입금하세요. 유리병, 돼지저금통이 머잖아 10억이 될 여러분의 돈이

나누기

저축하기-쓰기-나누기의 양말 시스템

머물 곳은 아니니까요. 저축에 관한 정보는 7장에서 자세히 다룰 겁니다.

용돈을 안 받는다면?

걱정하지 말고 부모님께 솔직하게 말씀드리세요. 용돈을 받고 싶다고 얘기한 적 있나요? 부모님과 용돈에 관해 이야기해 볼 필요가 있어요. 1,000원부터 시작해도 좋습니다. 꼭 정기적으로 받을 필요도 없고요. 일단 이야기를 꺼내서 나쁠 일은 거의 없을 겁니다. 도움이 될 만한 방법을 소개할게요. 이렇게 편지를 쓰는 거죠.

> 사랑하는 부모님께
> 저는 요즘 돈과 경제적으로 독립할 수 있는 방법에 관해 배우고 있습니다. 경제적 미래를 만들어 나가고자 하며 그 첫걸음으로 매달 용돈을 받았으면 합니다. 그렇게 된다면 10개월 동안 10만 원을 모으겠다는 단기 목표를 달성하는 데 도움이 될 것입니다.

이렇게 덧붙일 수도 있겠죠.
"용돈을 주신다면 집안일을 더 열심히 도울게

용돈 인상을 위해 부모님께 편지 쓰기

부모님께 받고 있는 용돈이 부족하다고 판단된다면 부모님께 용돈을 올려 달라고 편지를 써 보세요. 단 용돈을 더 받아야 할 명확한 이유를 말씀드려야 하겠죠?

부모님의 (첫째 아들/셋째 딸 등) ○○○입니다.

용돈의 (~원 또는 ~%) 인상을 고려해 주시길 정중히 요청 드립니다. 현재 부모님께서 후하게 주시는 용돈에 진심으로 감사하고 있습니다. 그러나 ○○살이 될 때까지 10억 부자가 되겠다는 경제적 목표를 달성하기에 용돈이 충분하지 않습니다.

용돈 인상이 필요한 이유를 정리하면 다음과 같습니다.

1.
2.
3.

편지를 읽어 주셔서 감사합니다.

부모님을 존경하는 ○○○ 올림

요. 집안일 좀 도우라고 하실 때 열심히 하지 않았던 거 잘 알고 있어요. 하지만 이번에는 달라요. 저 지금 진지해요. 믿어 주세요. 나중에 부자가 되면 이 순간을 꼭 떠올릴게요."

시도했는데 뜻대로 안 됐다면? 그래요, 가족 전체 예산에 자녀의 용돈 항목은 없을 수도 있어요. 하지만 괜찮아요. 돈 버는 방법 두 번째로 넘어갑니다.

2. 일해서 모으기

돈을 벌 수 있는 두 번째 방법은 바로 일을 하는 것입니다. '지금 이 나이에 돈을 벌라니 무슨 소리지' 싶은가요?

일해서 돈을 번다는 것에 대해 여러분은 너무 상상력을 한정하고 있지는 않나요? 아, 이미 일해야만 용돈을 받을 수 있는 사람들도 있겠군요. 쓰레기봉투를 내놓은 적 있나요? 반려동물의 밥을 챙

겨 준 적은요? 청소기 돌리는 것도 해봤다고요?

그렇다면 이제는 일을 더 늘려 보세요. 사업을 시작해도 좋고요. 이에 관해서라면 나중에 더 자세히 다룰 테지만 일단 간단하게 시작할 수 있는 것들을 소개하겠습니다.

- **작은 것부터 시작하기**: 집에서 더 할 일이 없을지 찬찬히 둘러보세요. 평소에 하던 집안일은 다 마친 후에 말이죠. 책장 정리하기, 마당 잡초 뽑기, 화분에 물 주기, 옷 다림질하기 등 부모님이 용돈을 주실 만한 일거리가 꽤 많을 거예요.
- **주변에서 일거리 찾기**: 친구나 이웃에게 혹시 맡길 만한 일이 없는지 물어보세요. 여러분이 할 만한 대표적인 일거리로는 마당 청소, 반려동물 산책, 동생 돌보기 등이 있겠죠?

풀 먹여서 다림질하는 게 까다롭다고요? 그게 다 돈이라고 생각해 봐요.

생각을 계속 더 넓혀 보세요. 열심히 궁리하다 보면 인생의 첫 10만 원을 버는 방법을 다양하게 찾을 수 있을 겁니다.

사실 매월 용돈을 모으는 것(일단 조금이라도 용돈을 받는다면)보다는 일하면서 모으는 게 더 빠를지도 모릅니다. 또 일하는 과정에서 유용한 기술을 배울 수도 있습니다. 나중에 법적으로 가능한 나이가 되어 '진짜' 일자리를 구하는 날이 왔을 때 도움이 되겠죠? 이건 5장에서 더 자세히 다루겠습니다.

3. 선물 받기

누군가에게 돈을 받는 일에 대해 앞서 이야기했죠? 가끔은 사람들이 선물로 물건이 아닌 돈을 주기도 해요. 할머니께 5,000원을 받는다거나 졸업 선물로 5만 원을 받는 식이죠. 이 돈은 수입의 일부로 보고 예산에 넣어야 합니다.

이렇게 생각할 수도 있어요. "선물로 받은 돈은 제 마음대로 쓰고 싶은데, 꼭 전부 예산에 넣어야 하나요?" 꼭 그렇진 않습니다. 하지만 받은 돈 대부분을 은행 계좌에 입금하고 난 뒤에 돈을 준 사람에게 그 사실을 이야기해 보면 어떨까요? 10억 만들기 목표를 달성하기 위한 큰 계획에 그 돈을 보탰다는 사실을요. 혹시 모르죠, 이 이야기를 들은 분이 감동을 받아 다음에는 더 두둑하게 돈을 주실

수도 있잖아요.

돈을 선물로 받는 또 다른 예로 **상속***을 들 수 있겠네요. 누구나 갑자기 자기 앞에 돈이 뚝 떨어지는 상상을 해 봤을 겁니다. 돈 많은 친척이 안타깝게도 세상을 떠났는데, 여러분이 그 돈을 물려받게 된 거죠. 상상해 본 적 없다고요? 괜찮아요. 숨길 필요 없어요. 지금 머릿속에 떠오르는 그림이 있을 텐데요. 이런 식으로 진행되는 영화를 본 적 있죠?

○○○ 씨에게

당신의 삼촌, 레지날드 포크 경이 난간에서 떨어져 구이용 포크에 찔리셨습니다.

당신에게 깊은 애도를 표합니다. 그에 관해 잘 알지 못하는 당신으로서는, 그분이 기르시던 고양이 미튼스만큼의 상실감도 딱히 느끼지 못하겠지만 말입니다.

그분의 피상속인으로서 당신은 성 한 채와 그분이 수집한 페라리 차량들, 현금 1조 원, 그리고 살짝 구부러진 구이용 포크를 물려받게 됩니다.

그러나 유언장에서 제시한 조건을 만족시키려면 당신은 영국 해협을 헤엄쳐야 하며 고양이 미튼스가 생을 다할 때까지 돌봐야 합니다. 가급적 빠른 시일 내에 답장을 주시기 바랍니다.

어디에나 함정은 있는 법입니다. 그렇죠?

돈을 선물로 받았거나 예상치 못한 **횡재***를 했을 때 그걸로 살 수 있는 온갖 것들이 여러분을 유혹할 거예요. 사고 싶었던 옷이라든지 자동차라든지……. 아, 지금 돈의 환상 속으로 빠져들고 있네요! 어서 다시 돈의 현실로 돌아와요!

어쨌든 그렇기 때문에 예산이 필요합니다. 1만 원이든 10만 원이든 예상치 못한 돈이 생겼을 때 자기도 모르게 떠내려가는 일이 없도록 내려 두는 경제적 닻과 같은 역할이죠. 어쩌면 선물로 받은 돈의 액수가 10만 원 이상일 수도 있겠네요!

그렇다면 일단 첫 번째 단기 목표를 달성했습니다. 돈은 곧장 은행에 입금하세요. 자, 그럼 이제부터는 50만 원을 모으기 위한 단기 목표를 세우면 됩니다.

레지널드 포크 경 가문의 문장

돈 버는 아이디어

여러분이 선택한 돈 버는 방법이 '능동적 수입'인지, '수동적 수입'인지 확인해 보세요. 능동적 수입이란 직접 몸을 움직여 일한 시간만큼 들어오는 돈을 말하고, 수동적 수입이란 땀을 흘려 일하지 않아도 들어오는 돈을 의미합니다. 수동적 수입의 경우, 초반에는 많은 노력을 쏟아야 할 수도 있어요. 하지만 일단 진행되면 관리만 해도 충분합니다.

수동적 수입은 저축과 주식을 비롯한 투자 상품에서 발생하는 이자가 대표적입니다. 그리고 거의 대부분 자동으로 운영되는 사업도 이에 포함됩니다. 예를 들면 자동판매기, 인터넷 경매 사이트를 통한 물건 판매, 부동산 임대 등이 있죠. 블로그, 유튜브 채널, 팟캐스트를 운영해서 광고로 돈을 벌 수 있어요. 많은 팔로워나 구독자를 모은다면 말이죠. 집에서 돈이 자동으로 쌓이는 모습을 지켜보기만 하면 된답니다.

다양한 방법으로
돈을 벌 수 있어요!

열세 살 쌍둥이 이든과 재클린은 부모님께 용돈을 받고 있습니다. 하지만 그것만으로는 부족했죠. 이든은 돈을 모아서 아이패드를 사고 싶었고, 재클린은 맘껏 쓸 돈이 더 필요했어요. 그래서 둘은 새로운 사업을 시작했어요. 바로 어린이 여름 캠프를 열었답니다. 이든은 테니스를 가르치고 재클린은 공예를 가르쳤죠.
돈을 버는 법을 창의적으로 생각해 낸 두 사람은 그 덕에 여름이 끝날 무렵 목표를 달성했답니다!

4. 빌리기

돈을 모으는 네 번째 방법은 빌리는 것입니다. 돈을 빌린다는 건 꽤 까다로운 일입니다. 사실 이제 막 출발점에 선 사람에게 썩 좋은 생각은 아니죠. 돈을 빌려주는 사람(채권자*)은 돈을 빌리는 사람(채무자*)에게 무언가 대가를 받기 원합니다. 그게 바로 이자이며 보통 빌리는 돈의 몇 %로 정해집니다.

가령 여러분이 주택처럼 액수가 큰 것을 구매하려는 경우라면 이 방법이 매우 유용할 수 있죠. 하지만 10만 원으로 10억 만들기를 진행 중인 여러분이라면 다른 방법을 생각하길 권합니다. **부채***와 **신용 대출***을 관리하는 방법에 대해 제대로 교육받기 전까지는 돈을 빌리지 말길 바랍니다.

5. 투자 수익 얻기

투자는 무엇보다도 효과적으로 10억을 모을 수 있는 방법입니다. 금융 기관을 통해 투자하거나 은행 계좌에 예금하면 이자가 지급됩니다. 투자란 미래에 소득(예컨대 이자)을 창출하거나 가치가 상승하리라 기대하면서 **상품***을 사들이는(매수) 일이에요. 투자를 통해 이자를 얻기 시작하면 그 돈은 하는 일 없이 그저 지켜보기만 해도 알아서 활동을 시작합니다. 여러분이 돈을 벌기에 아주 좋은 방법이에요. 그냥 자전거나 타면서 신경 끄고 있어도 되거든요.

일단 돈이 생기면 은행이나 신용협동조합 계좌에 돈을 넣어두세요. 그럼 이자는 거의 없다시피 할 겁니다. 하지만 나중에 또 다른 투자처로 옮기기 전에 필요한 현금을 모으기에 최적인 곳이죠. 여기서 또 다른 투자처란 더 높은 **수익률***을 기대할 수 있는 정기 예금, 주식, **채권***, 새로운 사업 등이 해당됩니다. 이 목록은 계속 추가될 겁니다.

6. 훔치기

이건 안 될 일이죠. 그래서 애초에 '돈을 버는 다섯 가지 방법'이라고 했잖아요.

반복하고 또 반복하자

자, 여러분이 앞에서 소개한 다섯 가지 방법을 써서 마침내 10만 원을 모으는 데 성공했다고 가정해 볼게요.

"이 사람,
여간해선 10억 벌기 힘들겠죠."

축하합니다! 이제 여러분은 10억을 향한 길 위에 올라섰습니다! 이제부터 할 일은 반복하고 또 반복하는 겁니다. 목표 금액은 20만 원, 50만 원, 100만 원, 500만 원으로 계속 변경될 것이고 결국은 돈을 불릴 수 있는 중요한 기준점인 1,000만 원(종잣돈)까지 도달하겠죠!

어느 정도 활용할 돈이 모였다면 그때부터는 빠르게 돈을 불릴 수 있는 비법을 쓸 수 있습니다. 이에 관해서라면 8장에서 자세히 이야기할게요. 분명 여러분의 마음을 사로잡을 겁니다. 지금은 그저 10만 원을 모으는 데 성공했다는 기쁨을 마음껏 누리세요.

아, 이건 확인하고 넘어갈게요.

Q1. 번 돈을 계좌에 넣어 두었나요?

 네!

Q2. 번 돈을 수입으로 예산에 넣었나요?

 네!

Q3. 이 과정이 재미있어지기 시작했나요?

 네!

한눈에 보기

· ·

1. 돈을 버는 다섯 가지 방법: **용돈, 일, 선물, 대출, 투자 수익**

2. **10억을 벌려면 작은 것부터 차근차근 시작하세요. 일단 10만 원을 모을 목표부터 세워요.**

3. **돈을 훔치는 건 절대 안 됩니다!**

제5장

일자리를 구하자

$1,000,000

GET A JOB!

10억 모으기가 주된 목표라면 어느 순간 용돈만으로는 부족할 겁니다. 시간이 갈수록 더 많은 돈을 저축하고 투자할 수 있는 더 빠른 길이 필요해지죠. 그중 한 방법이 바로 일자리를 구하는 일입니다. 운이 좋은 몇몇 사람들은 쉽게 일자리를 구하거나 누군가 넘겨준 일을 받아서 할 수도 있어요. 하지만 대다수는 많은 노력을 해야 일자리를 구할 수 있습니다.

일이란 현재의 여러분이 돈을 벌 수 있는 좋은 수단일 뿐만 아니라 미래의 여러분이 더 많은 돈을 벌 수 있도록 돕는 가치 있는 경험이기도 합니다. 나중에 이 일만은 직업으로 삼지 말아야겠다는 다짐을 얻을 수도 있지만 말이죠.

여러분이 고를 수 있는 인생 최초의 일자리는 어떤 게 있을까요? 패스트푸드점 서빙, 전단지 배포, 음식점 주방에서 설거지 하기, 슈퍼마켓 제품 진열 등 다양한 일자리가 떠오르네요.

일과 경력을 혼동하지 마세요

여기서 알아야 할 것은 여러분이 지금 하는 일이 **경력***과는 다를 수 있다는 점입니다. 여러분의 첫 일자리는 경력이 되지 않을 거예요. 예외는 있습니다.

게임 회사에서 인턴으로 일했다가 결국 평생 같은 업계에 몸담았다면 이야기가 달라지죠. 하지만 시작부터 평생 직업을 찾는 사람은 거의 없을 겁니다. 여러분은 기본적으로 매사에 책임감을 가지고 신뢰를 얻을 수 있도록 마무리를 잘하는 모습을 보여야 합니다. 그리고 명심하세요. 성실하게 일해야 합니다. 그거야말로 여러분이 얼마나 업무를 잘 처리할 수 있는 사람인지 고용주에게 검증을 받을 수 있는 지표입니다. 일단 지금은 어떻게 첫 일자리를 얻을 수 있는지부터 집중해 이야기할게요.

전략이 필요합니다. 먼저 어떤 분야에 관심이 있는지 생각해 보세요. 돈을 버는 게 우선이긴 하지만 실제로 관심을 갖고 살펴보는 분야가 있지 않나요? 어떤 업계의 사업에 끌리나요?

예를 들어 자기 소유의 식당을 운영하는 게 꿈이라면 먼저 설거지 담당 일자리를 구해 보세요. 그

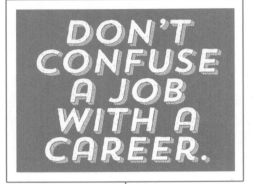

런 다음 몸이 아파서 자리를 비운 서빙 직원이 있다면 적극적으로 나서서 그 일을 하세요. 머지않아 여러분은 서빙 일을 정식으로 맡을 겁니다. 그리고 2년 뒤에는 매니저 자리까지 차지할 수 있죠. 그대로 같은 식당에서 계속 일할 수도 있고 다른 식당의 매니저로 식당을 옮길 수도 있습니다.

자, 어때요. 이렇게 사다리를 타고 올라가는 거예요. 완벽한 일자리에 안착하기까지 몇 군데를 거치게 될 겁니다.

일자리를 구하기 위한 마스터플랜 짜기

일자리 구하기는 일반적으로 다음 5단계로 나누어 볼 수 있습니다. 뒤이어 자세한 설명을 덧붙일게요.

1. 원하는 일 결정하기
2. 일자리 찾기
3. 지원하기
4. **면접*** 보기
5. 고용될 때까지 계속 도전하기

1. 원하는 일 결정하기

가장 먼저 해야 할 일은 여러분이 할 수 있을 만한 일의 목록을 작성하는 거예요. 뇌수술 집도는 아무래도 어렵겠죠. 세계은행 운영도 마찬가지일 테고요. 그렇다면 과연 무슨 일이 가능할까요? "아무것도 없어요."라고 말하진 마세요. 누구나 잘할 수 있는 일이 있답니다. 자, 좀 더 고민해 보세요.

좋아요, 시간 다 됐습니다! 여러분에게 어떤 일이 어울릴지 알아낼 방법을 소개할게요.

• **메모지를 준비해 두 칸으로 나누세요:** 한쪽에는 여러분이 가진 기술과 강점을, 다른 한쪽에는 관심사를 적어 보세요. 그런 뒤 양쪽에 잘 어울

첫 일자리로 어떤 게 좋을까요?

입문용 일자리라고 표현할 수도 있겠네요. 말 그대로 돈의 세계에 '입문'하는 것과 같으니까요. 여러분의 나이에 일자리를 구하기가 쉽지 않겠지만 그래도 가능한 일자리를 찾아봅시다. 패스트푸드점 직원, 음식점 서빙 또는 설거지, 슈퍼마켓 진열 또는 계산대 포장, 강아지 산책 (펫시터), 방송이나 광고 보조 출연, 우편, 분류, 택배 포장, 전단지 배포, 컴퓨터 수리나 과외, 정비공 조수 등이 있어요. 이 외에 SNS 홍보나 온라인 설문조사도 가능하겠죠?

주방 보조   음식 서빙   화장실 청소   정비공 조수

부자들의 첫 일자리는 무엇이었을까요?

누구에게나 출발점은 있습니다. 부자들도 예외는 없죠. 부자들의 첫 일자리 역시 그럴듯하게 멋진 일자리는 전혀 아니었다는 점에 주목하세요. 그들도 다른 사람들과 마찬가지로 아래에서 위로 나아갔답니다.

이름	회사명	첫 일자리
제프 베조스	아마존닷컴(Amazon.com) 창립자	맥도날드 그릴 담당
오프라 윈프리	하포 프로덕션(Harpo Productions) 창립자	슈퍼마켓 진열 담당
마이클 델	델 컴퓨터(Dell Computers) 창립자	중식당 설거지 담당
찰스 슈왑	증권사 찰스 슈왑(Charles Schwab Corporation) 창립자	숲에서 주운 호두 45킬로그램 한 포대당 5,000원에 판매
마이클 블룸버그	미디어그룹 블룸버그 LP(Bloomberg LP) 창립자, 전 뉴욕 시장	세차장 직원
세라 블레이클리	의류기업 스팽스(Spanx) 창립자	디즈니월드 엡콧 센터의 놀이기구 안내원(생쥐 귀 모양의 머리띠 착용)
배리 딜러	IAC(InterActiveCorp), 익스피디아(Expedia, Inc.) 회장	윌리엄 모리스 에이전시 우편실에서 일을 시작해 파라마운트 스튜디오의 수장이 됨
워런 버핏	투자전문 회사 버크셔 해서웨이(Berkshire Hathaway) CEO	자전거 신문 배달 (당시 나이 13세)

리는 일자리로 무엇이 있을지 떠올려 보세요. 사람들과 어울리는 걸 좋아하나요? 판매직이 훌륭한 선택이 될 겁니다. 동물을 좋아한다고요? 펫시터나 동물병원 아르바이트를 알아보세요.

- **주변 사람들에게 물어보세요:** 가족이나 친구, 선배에게 어떤 일을 했는지 물어보세요. 사람들의 이야기를 들으며 깜짝 놀라는 순간도 있을 겁니다. 그 덕에 새로운 영감을 얻어서 예전에는 미처 생각하지 못했던 일을 찾을 수도 있겠죠?

- **자원봉사도 좋아요:** 다양한 자선 단체에서 봉사하면서 기술을 익힐 수도 있고 새로운 일에 도전해 볼 수 있습니다. 자신과 맞는 일이 무엇인지 탐구하는 기회도 되죠.

언제부터 일할 수 있나요?

기본적으로 일을 할 수 있는 연령은 만 15세부터입니다(근로기준법 기준). 만 15세 미만의 청소년이 일을 하려면 '취직인허증'을 발급받아야 하죠. 근무 시간이 제한되어 있으며 특정 일자리는 18세 미만의 청소년을 고용하지 못하도록 규정하고 있어요. 도덕 또는 보건상 유해하거나 위험에 노출되는 사업이 해당되죠. 따라서 일을 구하기 전에 청소년이 일할 수 있는 곳인지 꼭 확인하세요!

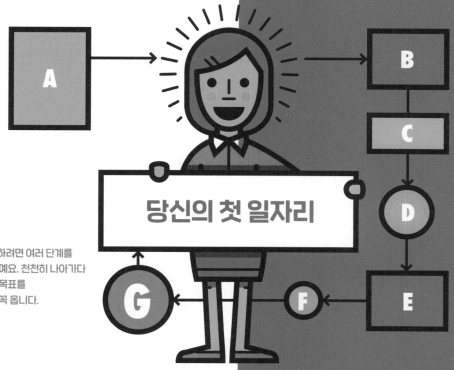

일자리를 구하려면 여러 단계를 거쳐야 할 거예요. 천천히 나아가다 보면 원하던 목표를 달성할 날은 꼭 옵니다.

아직 최저 연령에 못 미친다면?

친구나 이웃을 통해 일을 구하는 방법이 있어요. 그 일이 여러분의 마음에 들고 시급도 적당하다면 말이죠.

가족 여행으로 집을 비운 옆집 고양이나 강아지를 대신 봐준다거나 동네 거리에 쌓인 낙엽 쓸기, 세차하기 등을 시도해 보세요. 정식으로 일자리를 구하기엔 나이가 어린 한 아이가 동네에서 강아지 산책 사업을 벌인 적도 있답니다. 이 친구처럼 어린 사업가로 성공하고 싶다면 사업을 시작하는 법을 배워 보세요. 6장에서 자세히 소개합니다.

- **타고난 능력을 고려하세요:** 여러분은 아침형 인간인가요, 아니면 저녁형 인간인가요? 재미있는 사람인가요, 아니면 진지한 사람인가요? 약속 시간을 잘 지키나요, 아니면 자꾸 늦는 편인가요? 여러분의 성향과 잘 맞는 일이 무엇일지 고민해 보세요.

한편, 전국 수천 개 회사에서 **인턴사원***을 모집합니다. 인턴사원은 무급인 경우도 있어요. 대신에 값진 현장 실습의 기회를 얻거나 꽤 대단한 회사를 다녀 볼 수도 있답니다.

2. 일자리 찾기

다음은 빈 일자리를 찾는 단계입니다. 갑자기 직원이 그만뒀다거나 인력 보충을 위해 적극적으로 고용을 원하는 곳들을 찾아야 합니다. 그러려면 다음과 같이 다양한 방법을 시도해 볼 수 있습니다.

- **가족과 친구:** 주위 사람들에게 일자리가 있는지 묻는 것으로 시작하는 방법이 사실 최고입니다. 자, 어서 이야기를 꺼내세요! 여러분이 아는 모든 사람들에게 일자리를 구하는 중이라고 말하는 겁니다. 특히 마음에 드는 곳에서 일하는 사람에게 확실히 의사를 전달하고 여러분 나이에도 그곳에서 일할 수 있는지 확인하세요. 든든한 추천인을 얻을 수 있을 겁니다!

- **구인 공고**: 구인 사이트를 검색해 보세요. 순식간에 엄청나게 많은 사이트들이 쏟아져 나올 거예요. 지역 게시판을 살펴보는 것도 좋습니다. 지역 신문의 광고도 한번 훑어보고요. 이때 믿을 만한 어른의 도움을 받아야 합니다. 고용주의 신원을 확실하게 확인하지 않은 상태로 구인 면접을 보러 가는 일은 절대 없어야 합니다. 절대 혼자 면접 보러 가지 마세요!

- **직접 찾아가기**: 음식점이나 소매점은 직접 찾아가서 일자리가 있는지 확인할 수도 있죠.

3. 지원하기

일자리를 구하려면 지원서를 작성해야 합니다. 추가로 본인의 이력을 제출해야 하는 곳도 있을 겁니다. 현장에서 바로 지원서를 작성하는 경우에 대비해 아래와 같이 평소 기억해야 할 정보를 확인해 둡니다.

- **개인 정보**: 주민등록번호(발급받은 경우), 학생증 번호, 집 주소, 연락처, 학교 등

- **이력 사항**: 과거에 맡았던 업무, 근무 기간, 자원봉사 이력 등

- **추천인**: 고용주가 전화를 걸어 여러분이 믿을 만한 사람인지 확인할 수 있는 사람을 의미합니다. 가장 좋은 추천인은 과거의 고용주이겠지만 코치나 선생님, 여러분을 잘 아는 어른이면 가능합니다. 단, 친구나 가족은 피하세요. 여러분의 엄마와 통화하고 싶은 고용주는 없을 테니까요.

동물을 좋아하나요?
동물 보호소나 동물병원에서
자원봉사를 하세요.

펫시터 자리를 구하거나 슈퍼마켓 계산대에서 포장하는 일을 하고 싶다면? 일단 여러분을 고용할 사람은 여러분이 어떤 사람인지 알고 싶을 겁니다. 여러분이 지금껏 경험한 업무에 관해 기록한 것이 바로 이력서입니다. 상대에게 왜 당신을 고용해야 하는지 설득하는 광고인 셈이죠.

여러분이 지원하는 곳에서 굳이 이력서를 요구하지 않는다고 해도 상관없습니다. 이력을 정리해 보는 건 좋은 훈련이 되거든요. 이력서는 전문성 있게 작성해야 합니다. 또한 모든 고용주에게 똑같은 이력서를 보낼 필요는 없으니 지원할 곳에 따라 조금씩 내용을 수정해도 좋습니다.

좋은 이력서의 조건

- **이름과 연락처 정보:** 이력서 상단에 이름, 집 주소, 전화번호, 이메일 주소를 넣으세요. 이때 이메일 주소가 너무 유치하거나 불쾌하게 느껴지지 않는지 확인하세요. 이력서용으로 메일을 새로 만들어도 좋겠죠?

- **희망 업무:** 고용주에게 어떤 종류의 업무를 원하는지 알립니다. 이때 망설이지 말고 여러분이 갖춘 능력을 적극적으로 홍보하세요.

(예시)
○○ 마트 진열 담당 구직합니다.
뛰어난 정리 능력을 보여 드립니다.

여러분의 이력서를 누가 읽을지 고려해서 수정하세요. 골프장이라면 '골프업계 종사자 구직합니다', 슈퍼마켓이라면 '식품 소매업계 구직합니다'와 같이 시작하면 되겠죠?

- **학력:** 여러분이 다녔던 학교를 나열하세요. 유치원까지 다 넣을 필요는 없지만 현재 다니는 학교는 넣어야겠죠? 또 구직과 관련 있는 일을 해 보거나 수업을 들은 적이 있다면 수강 날짜와 함께 기록하세요. 예컨대 어린이집에 구직할 때는 아이 돌봄에 관한 수업, 악기점에 구직할 때는 밴드나 오케

스트라 수업이 어울릴 겁니다. 각종 표창장이나 우등상 이력도 넣으면 좋습니다.

- **업무 경험:** 여러분은 생각보다 경험이 많을 거예요. 무급이든 유급이든 자원봉사든 상관없이 다 적으세요. 여러분이 조경업체에 지원한다고 가정해 볼게요. 그렇다면 여러분은 이웃집 마당의 잔디를 깎았던 경험이나 식물을 키워 본 경험을 적으면 됩니다. 이때 지원하는 분야와 관련이 깊은 경험부터 먼저 쓰세요.

- **기타 이력:** 여러분을 이 일자리에 알맞은 후보자로 만들어 줄 수 있는 이력에는 또 무엇이 있을까요? 자원봉사를 하면서 배운 컴퓨터 관련 지식이나 기술이 도움이 될 수 있습니다. 슈퍼마켓에서 일하겠다고요? 예전에 무료 급식소에서 봉사하며 비품 정리를 해 본 경험이 도움이 될 수 있어요. 동물 보호소에서 자원봉사를 한 적이 있다면 동물병원에 제출할 이력서에 꼭 적으세요. 인명구조대에서 일하고 싶다면 심폐소생술 훈련을 받은 기록을 적으세요. 또 본인의 성실함, 넘치는 의욕, 대인관계 능력 등을 강조하는 방법도 있습니다.

- **취미나 관심사:** 이력서에서 크게 중요한 부분은 아니긴 해요. 그래도 고용주들은 언제나 여러분의 관심사를 궁금해 한답니다. 면접 중에 서로 연결고리를 만들 수 있는 아주 좋은 지점이기도 하고요. 만약 여러분이 스키를 타는 것을 좋아한다면 그걸 기록하세요. 특히 스키와 관련된 일자리를 구한다면 더욱 그래야겠죠? 주위 친구들이 여러분에게

컴퓨터를 고쳐 달라고 부탁하곤 하나요? 그렇다면 그걸 기록하세요. 동아리 활동 내역, 특별활동 수상 경력, 장학금을 받은 이력 등도 빠뜨리지 마세요.

- **추천인:** 추천인을 요구하는 고용주들이 꽤 많을 거예요. 이력서에 바로 적어도 되고 '요청하시면 추천인 제출 가능합니다'라고 적어도 됩니다. 고용주가 직접 연락할 수도 있다는 점을 반드시 추천인에게 미리 알려서 괜찮은지 확인해야 합니다.

점검해 봅시다!

- **교정하기:** 이력서를 작성하고 나면 맞춤법에 어긋나거나 어색한 문장은 없는지 꼭 확인하세요 (맞춤법 검사기에 의존하면 안 돼요!). 실수 한 번으로 일자리를 놓칠 수도 있어요.

- **단순명료하게:** 이상한 폰트나 정신없는 색깔은 피하세요. 복잡하지 않고 단순한 디자인으로 말하고자 하는 바에 집중하세요.

- **업데이트하기:** 단번에 완벽한 이력서를 완성하기란 힘들어요. 계속 고치고 덧붙이고 정돈하세요.

- **진실하게:** 거짓말은 절대 안 됩니다! 쓸 만한 경험이 없다고 해서 꾸며내면 안 돼요!

4. 면접 보기

여러분도 누군가에 대해 잘 알기 전까지는 일을 맡기기 힘들거예요, 그렇죠? 다른 사람들도 마찬가지일 테고요. 어떤 일자리를 꼭 얻고 싶다면 면접을 성공적으로 보는 법을 알아 둬야 합니다. 일자리 면접에서 긴장하지 않는 사람은 없습니다. 누구나 긴장하는 법이죠! 하지만 잘 준비한다면 덜 긴장할 수 있습니다.

면접을 위한 몇 가지 팁을 소개합니다.

- **예습하기:** 구직하는 곳에 대해 미리 알아보세요. 어떤 상품이나 **서비스***를 제공하는 곳인지 꼼꼼하게 파악하세요. 그러면 여러분이 그곳에 어떤 가치를 더할 수 있고 어떤 식으로 훌륭한 직원이 될 것인지 이야기하기가 한결 쉬워집니다.
- **연습하기:** 인터넷을 검색해서 유사한 면접의 질문과 답을 찾아보세요. 그리고 친구나 가족에게 부탁해 면접 상황을 미리 연습하세요. 질문 대여섯 개를 정해 상대에게 물어 달라고 한 뒤에 여러분은 자신감 있게 짧고 분명한 문장으로 대답하세요.
- **호기심 갖기:** 면접하면서 거꾸로 질문을 던져 보세요. 사업을 더 넓힐 계획이 있으신가요? 어떤 상품 또는 서비스를 출시하고 싶은가요? 5년 뒤의 전망은 어떤가요? 약간 불편한 분위기가 느껴질

수도 있지만 어쨌든 면접관은 여러분을 매우 인상 깊게 볼 겁니다. 그건 여러분이 이곳의 성공을 돕는 데 관심이 많다는 뜻이니까요.

- **자신감 드러내기:** 면접자의 눈을 바라보면서 힘차게 악수하세요. 긴장했더라도 긴장하지 않은 것처럼 행동하고요! 대답은 정직하고 간결하게 하세요. 그저 네, 아니오로만 대답해도 안 되지만 캐나다 로키 산맥 여행기를 길게 늘어놓는 것도 좋지 않겠죠?
- **면접이 끝난 후:** 면접이 끝난 뒤에 면접관에게 감사 이메일을 보내세요. 더더욱 감동시키고 싶다면 손으로 쓴 편지도 좋습니다. 망설이지 말고 1~2주 내에 보내세요. 다음 편지를 참고하세요.

> 존스 님께
> 여름 영화 제작부 모집과 관련해 시간을 내어 저를 만나 주셔서 감사합니다.
> 저를 고용하신다면 파이낸셜 필름은 열정적이고 근면한 직원을 얻게 될 것입니다. 제가 갖춘 능력은 회사의 귀중한 자산이 되리라 믿습니다. 정보가 더 필요하시다면 바로 알려 주세요. 가까운 시일 내에 연락 주시길 기대하겠습니다.
> 마쓴 올림

성공적인 면접을 위한 옷차림

원하는 일자리를 얻고 싶다면 학교나 쇼핑몰에 가는 옷차림으로는 면접을 만족스럽게 치르기 어려울 겁니다. 면접관을 향해 미소를 짓고 눈을 맞추며 편하게 이야기하세요. 첫인상이 중요하다는 사실을 명심한다면 여러분의 첫 월급, 기대해도 좋을 거예요!

머리는 깔끔하게 잘 다듬고 모자는 쓰지 마세요.

과하게 치렁치렁한 액세서리는 피하세요.

어떤 일자리를 구하든 티셔츠는 적절하지 않아요.

청바지나 너무 짧은 치마는 피하세요.

머리부터 발끝까지 꼼꼼히 챙겨야겠죠? 슬리퍼나 운동화, 군화 스타일의 신발은 피하세요.

Yes!　　　　No!　　　　No!　　　　Yes!

이력서를 작성할 때 참고하세요!

이력서 형식은 정해져 있지 않아요. 다음 예시를 바탕으로 이력서를 완성해 보세요.

김엘리 서울특별시 ○○구 ○○동 / 집: 02. 111.××× / 휴대폰: 010.1111.××× / ellie@youremail.com

희망 업무

여름 캠프에서 주당 15시간 일하는 유급 직원에 지원하고자 합니다.

학력

서울 ○○ 학교

동아리 활동: 밴드, 무대 연출부 / **수상:** 우등상

특기 및 관심사

- 아이들을 돌보는 것을 좋아합니다.
- 포스터나 전단지를 제작할 수 있습니다.
- 워드, 엑셀, 파워포인트를 능숙하게 다룹니다.
- 베이스기타를 연주할 수 있습니다.

봉사 활동

○○○ 병원에서 소아과 병동 자원봉사(○○○○년 ○○월 ○○일)
- 책을 읽어 주고 같이 게임을 하면서 아이들과 놀아 주었습니다.
- 놀이 공간을 깨끗하게 치우고 장난감을 제자리에 정리했습니다.

어린이 캠프의 지도 교사 보조(○○○○년 ○○월 ○○일)
- 그림, 공예, 스포츠, 게임, 캠핑 등 5~8세 어린이 대상의 취미 워크숍을 이끌었습니다.
- 캠프 참가자들이 캠프장과 집을 안전하게 오갈 수 있도록 도왔습니다.

앞으로의 목표

- 대학에서 심리학 또는 음악을 전공할 계획입니다.

TIP: 현재 구인 공고를 내지 않은 곳이라도 미리 이력서를 제출하는 방법이 있습니다. 고용주들은 이력서를 모아 두었다가 일자리가 생기면 구직자에게 연락을 하곤 하거든요. 그러니 미리 이력서를 보내고 자주 확인하세요!

비범한 성공과 실패, 그리고 다시 성공

일자리를 지원했다가 떨어지더라도 절망하지 마세요. 구직하는 사람들 대다수가 고용되기까지 여러 곳을 거친답니다. 비결은 멈추지 않고 계속 도전하는 것이죠. 지원했던 곳으로부터 왜 떨어졌는지 피드백을 받는 것도 좋은 방법입니다. 피드백을 통해 어떻게 하면 더 잘할 수 있을지, 어느 부분이 좋았고 또 어느 부분은 부족했는지 확인하세요.

여러분이 가진 능력을 더욱 갈고 닦으세요. 이력서를 잘 다듬으세요. 끈기를 갖고 도전한다면 언젠가 "합격을 축하합니다."라는 말을 들을 수 있을 겁니다.

일자리 지키는 법

새 일자리를 성공적으로 구했나요? 그럼 이제부터는 여러분이 그 일터에서 얼마나 가치 있는 사람인지 증명할 시간입니다. 여러분이 긍정적인 방향으로 돋보일 수 있는 방법을 소개하겠습니다.

일자리를 잃는다고 해서 세상이 다 끝난 건 아닙니다. 어쩌면 그건 새로운 시작일 수 있죠. 그 좋은 예로 스티브 잡스를 들 수 있습니다. 스티브 잡스는 스무 살의 나이에 애플 컴퓨터를 만들었습니다. 그리고 10년 뒤, 잡스는 이사회의 결정에 따라 자신의 회사에서 퇴출되었죠. 애플(Apple Inc.)을 나온 잡스는 넥스트(NeXT)를 설립했고 그곳에서 당시로부터 10년 뒤에 맥OS X에서 사용될 소프트웨어를 개발했습니다. 또한 애니메이션 스튜디오인 픽사(Pixar)를 인수하고 〈토이 스토리〉, 〈니모를 찾아서〉, 〈인사이드 아웃〉 같은 수많은 애니메이션 영화를 제작해서 박스오피스를 휩쓸었죠. 그러다 잡스는 애플을 떠난 지 12년 만에 다시 CEO의 자리로 돌아왔고 애플이 새롭게 도약할 수 있도록 도왔습니다.

- **단정한 외모**: 깔끔하게 차려입고 출근하면 일을 진지하게 대하고 있다는 인상을 줍니다. 유니폼을 입는 곳이라면 항상 깔끔하게 관리하세요. 따라야 할 복장 규율이 있다면 잘 지키세요.

- **시간 지키기**: 고용주는 여러분이 일한 시간만큼 돈을 지불하기 때문에 근무 시간을 지키길 원합니다. 일터에 일찍 도착한다면 분명 눈에 확 띌 겁니다.

- **보고 듣고 배우기**: 여러분보다 오래 근무한 사람들을 주목하세요. 귀중한 정보를 얻을 수 있을 겁니다.

- **집중해서 일하기**: 여러분의 능력을 향상시킬 방법을 찾고 시간이 나면 또 다른 일을 찾아서 하는 등 여러분에게 주어진 업무에 최선을 다하세요.

- **의견 드러내기**: 시간이 지나면 차차 어떻게 일해야 더 좋을지 요령이 생길 거예요. 주저하지 말고 여러분의 의견을 공유해 보세요.

- **정직하기**: 일터에는 온갖 도구, 상품, 장비 등이 갖추어져 있어요. 여러분은 그걸 잠시 '빌리고 싶은' 마음이 생길 수 있죠. 하지만 그런 생각은 아예 하지도 마시길!

- **주도적 역할 맡기**: 어떤 업무가 주어지든 자발적으로 먼저 나선다면 상사는 그런 여러분의 모습에 주목할 겁니다.

- **확인하기**: 여러분이 얼마나 잘하고 있는지, 어떻게 하면 더 발전할지 상사에게 물어보세요.

첫 급여를 받고 나면
벌써 부자가 된 듯한 느낌일 거예요.
이제 10만 원을 벌었을 뿐인데도 말이죠!

목적지를 향하여

이제 일자리를 얻었으니 수입이 생겼군요. 축하합니다! 새로운 일자리가 여러분에게 잘 맞길 바랍니다. 어서 가서 개들을 산책시키고, 잔디를 깎고, 세차를 도와 주세요. 그리고 돈이 모이기 시작하면 미리 세워둔 계획과 목표, 예산을 재점검하세요.

　고용주들은 대부분 급여를 계좌에 입금해 줍니다. 그게 좋아요! 첫 급여를 받으면 부자가 된 기분일 테고 그러면 돈을 쓰고 싶은 마음이 들 수 있거든요. 은행 계좌가 여러분이 돈을 다 써 버리지 않도록 관리해 주는 역할도 하는 셈이죠. 그 돈을 버느라 열심히 일했는데 그냥 다 날려 버릴 순 없잖아요. 돈을 안전하게 보관해야 10억으로 가는 여정을 무사히 마칠 수 있겠죠? 부디 성공적인 여행이되길 바랍니다!

한눈에 보기

1. **일해서 돈을 버는 게** 10억 모으기 목표를 달성할 수 있는 **가장 빠른 방법**입니다.

2. **원하는 일자리의 유형을 정하고** 구인 공고를 찾아보세요. 이력서를 써서 지원하고 면접을 준비하세요.

3. 열심히 일하고 받은 급여는 **곧바로 계좌에 입금**해 안전하게 보관하세요.

제6장

사업을 시작하자

$1,000,000

START A
BUSINESS

엄 **청난** 부자들은 어떻게 부를 쌓았을까요? 용돈을 열심히 모았을까요? 주식이나 채권으로 돈을 벌었을까요? 아니죠. 그게 아닙니다. 대부분의 부자들은 사업을 시작했습니다.

오해하지는 마세요. 정기적으로 급여를 받고 상사의 지시에 따라 일하는 것은 아주 훌륭한 일입니다. 여러분이 가진 돈을 투자할 필요도 없죠. 하지만 사업을 한다는 것은 완전히 다릅니다. 급여도 없고 상사도 없습니다. 모든 위험 부담을 본인이 져야 하죠. 그렇다면 장점은 뭘까요? 당연히 돈입니다! 돈방석에 앉을 수 있다는 점이죠!

물론 사업을 한다고 해서 모두가 성공할 수는 없겠죠. 하지만 사업이 성공한다면 **이윤***을 얻을 가능성은 어떤 일보다 훨씬 큽니다. 동시에 사업에 실패해 돈을 잃을 가능성도 높아지죠. 그래도 여러분이 정말 10억을 모으겠다고 결심했다면 진지하게 고민해 봐야 할 겁니다.

왜 지금 시작해야 하나요?

처음 사업에 도전해 10억을 벌기는 힘들 수 있습니다. 그럼에도 불구하고 더 나이 들기 전에 지금 당장 사업을 시작해야 할 여섯 가지 이유는 다음과 같습니다.

1. 멋지거든요.

본인이 떠올린 아이디어가 실제로 구현되어 점차 발전하는 모습을 지켜보는 기분이란 그 어디에도 비할 데가 없습니다.

2. 큰돈을 벌 수 있습니다.

자기 사업을 시작하는 것이야말로 10만 원을 10억 원으로 만들 수 있는 최고의 방법이죠. 수익성이 높은 아이디어가 떠오르기만 한다면 한계는 없습니다.

3. 지금만큼 좋은 때가 없습니다.

정말 그래요. 여러분의 나이만큼 좋은 시절이 없답니다. 어른이 되면 너무 많은 의무를 짊어져야 하기 때문에 위험 요소를 감당하기가 어려워요. 그리고 사람들은 여러분의 나이에 열심히 노력하는 모습이 대견해 더 많이 팔아 주려고 할 겁니다.

GO AHEAD, GIVE IT A TRY!

4. 자기 자신이 상사가 됩니다.

상사 밑에서 일하는 걸 좋아하는 사람은 별로 없죠. 하지만 다들 자기가 상사 노릇하는 건 좋아합니다. 물론 직원을 고용하기 전까지는 자기 자신의 상사가 되는 수밖에 없지만요. 가능하면 빨리 형제자매나 친구를 직원으로 고용하세요.

5. 실패를 겪어 볼 수 있습니다.

모든 성공한 사업가들은 정상에 오르기까지 여러 차례 실패를 겪었습니다. 여러분은 아직 어리니까 실패한다고 해도 남들이 알아차리기 전에 바로 떨치고 일어날 기회가 있습니다. 또 지난 잘못을 돌아보며 교훈을 얻을 수도 있죠.

6. 능력 있는 사람처럼 보일 수 있어요.

성공과 실패에 상관없이 사업을 해 본 경험은 대학 지원서나 취업 이력서에 쓸 수 있습니다. 이를 통해 여러분이 진취적이고 영리하며 책임감 있는 사람이라는 걸 증명할 수 있답니다.

아이디어를 실행에 옮긴 어린 사업가들

자신만의 사업을 시작한다는 것은 매우 멋진 일이죠. 세계 곳곳의 많은 아이들이 운전면허증을 따기도 전에 사업에 뛰어듭니다. 어린 사업가들은 각기 다른 방식으로 많은 돈을 버는 데 성공했습니다. 그들의 공통점은 바로 사람들이 무엇을 필요로 하는지 찾아내어 일찌감치 아이디어를 실행에 옮긴 거죠!

사업을 시작할 당시 열 살이었던 매디 브래드쇼는 사물함을 장식하는데 마음에 드는 자석을 찾을 수 없었습니다. 그래서 직접 만들기로 결심했죠. 매디는 본인의 돈 30만 원과 독특한 아이디어로 스냅 캡스(Snap Caps), 즉, 병뚜껑으로 만든 자석을 탄생시켰습니다. 그러다 병뚜껑을 몸에 달고 다니면 재미있겠다고 생각한 매디는 목걸이를 만들어 판매합니다. 매디는 여동생과 엄마의 도움을 받아 마침내 스냅 캡스를 정식 브랜드로 등록했습니다. 2년도 지나지 않아 매달 5만 개의 목걸이를 판매하는 기록을 세웠죠!

파라 그레이는 여섯 살에 바디 로션을 팔기 시작했습니다. 열세 살에 파라아웃 푸드(Farr-Out Foods)를 설립했고 첫해 매출액이 약 15억 원을 넘었죠. 파라는 곧장 백만장자가 되었습니다! 이후 파라는 도심에서 기업가 교육 프로그램을 운영했고 책을 출간했으며 사람들에게 동기 부여하는 강연을 하고 있습니다. 또한 무수한 기업들의 이사회 일원입니다. 파라는 월 스트리트에 사무실을 연 최연소 사업가입니다.

닉 댈로이시오가 열일곱 살 되던 해, 야후는 닉이 개발한 스마트폰 앱을 무려 300억여 원에 사들이겠다고 발표했고 이 소식은 인터넷을 뜨겁게 달궜습니다. 닉은 열두 살에 코딩하는 법을 독학했으며 이를 바탕으로 마침내 '섬리(Summly)'를 개발하는 성과를 올렸습니다. 이것이 바로 야후의 관심을 끄는 데 성공한 뉴스 서비스 앱이었죠.

존 쿤은 아버지가 구입한 일본 자동차 잡지들을 훑어보며 왜 미국에는 특이한 부품이나 개성 있는 마감재로 차를 꾸미는 사람이 없는지 궁금했습니다. 존은 저축한 돈 500만 원으로 해외 제조업체로부터 부품을 사들였습니다. 그리고 지역 공업사와 파트너가 되어 자동차 튜닝 사업을 시작했죠. 고급 마감재와 오디오 시스템, 엔진 강화 작업 등으로 자동차를 개조했습니다. 사업은 점차 인기를 끌었고 유명 TV 쇼의 주요 공급사 중 하나로 선정되었습니다. 그 덕에 존은 열여섯 살의 나이에 수십억 원의 돈을 벌었습니다.

계획이 있어야 완벽할 수 있어요

이 책을 읽는 동안 온갖 사업 아이디어가 여러분의 머릿속을 온통 채우고 있을지도 모르겠습니다. 또는 딴 데 정신이 팔려 자유의 여신상을 가득 채우려면 치즈 샌드위치가 몇 개나 필요할지 궁리 중일 수도 있겠네요. 어느 쪽이든 여러분에게는 계획이 필요합니다. **사업 계획서*** 말이죠.

사업 계획서를 작성해 보면 실제로 사업을 시작하기 전에 숨은 문제점을 발견할 수도 있습니다. 시간과 돈을 투자한 이후보다야 지금 고치는 편이 쉽죠. 키보드의 삭제 키만 누르면 되니까요. 파란색 제품 1,000개를 다 만들었는데 소비자들이 빨간색 제품만 원한다는 사실을 뒤늦게 알게 되는 상황은 여러분도 원치 않겠죠.

사업 계획서는 아주 간단하게 쓸 수 있습니다. 사실 한 장이면 됩니다. 이 책의 부록에는 '리틀 CEO 플랜'이라는 아주 멋진 사업 계획서가 실려 있습니다. 괜찮은 사업 아이디어가 떠올랐다면 이 계획서가 아이디어의 세부사항을 확인할 수 있는 좋은 방법이 될 겁니다. 만약 딱히 아이디어가 떠오르지 않는다면 사업 계획서를 여러분에게 영감을 불러일으킬 만한 도구로 활용해 보세요.

사업 계획서 작성 단계로 넘어가기 전에 여러분이 거쳐야 할 4단계가 있습니다.

1단계: 대단한 아이디어인가?

성공적인 사업은 훌륭한 아이디어에서 출발합니다. 이미 아이디어가 있다고요? 아주 멋지네요. 그럼 그 아이디어를 168쪽 '리틀 CEO 플랜'의 '대단한 아이디어' 칸에 쓰세요.

아, 뭐라고 써야 할지 모르겠다고요? 괜찮습니다. 일단 다음 페이지의 표를 잘 보고 빈칸을 채우세요. 돈 버는 아이디어를 얻을 수 있을 거예요! 좀 더 영감이 필요하다고요? 인터넷을 검색해도 좋고 친구나 가족에게 물어봐도 좋습니다. 뭐든 시도해 보세요. 하지만 현실적으로 생각해야 한다는 점은 잊지 마세요. 하룻밤 만에 차세대 아이폰을 발명할 수는 없잖아요.

훌륭한 사업 아이디어를 위한 네 가지 질문

괜찮은 아이디어가 여러 개 있어서 어떤 걸 선택할지 고민이라고요? 최고의 사업 아이디어를 고르려는 여러분에게 도움이 될 네 가지 질문을 소개합니다. 신기하게도 영문으로는 모두 D로 시작하네요.

1. **남과 다른가?(Different):** 중력을 거스르는 팝콘을 발명할 필요는 없겠지만 독특한 팝콘을 만드는 방법을 고민할 수는 있습니다. 특별한 양념을 추가하거나 멋진 용기에 담는다거나 하는 식으로요.

2. **사람들이 좋아할까?(Desirable):** 메이크업 영상은 어린 10대 친구들이 선호하는 영상일 거예요. 그 그룹이 바로 여러분의 미래 고객(목표 시장*)이겠

중력을 거스르는 팝콘:
완벽한 무중량 간식

죠? 지금 밖으로 나가서 그들을 찾아보세요!

3. **나도 즐거울까?(Dynamic):** 여러분의 아이디어가 모든 사람을 만족시킬 필요는 없어요. 고객에 집중하면 됩니다. 더불어 여러분 자신을 만족시킬 수 있다면 더욱 좋겠죠. 사업에는 강아지 산책처럼 단순한 것도 있고 치와와를 위한 우비처럼 독특한 것도 있습니다. 단, 어떤 사업이든 많은 시간을 들여야

질문	답(예시)	돈 버는 아이디어(예시)	답	돈 버는 아이디어
좋아하는 것은?	자전거 타기	자전거 타고 동네 투어		
잘하는 것은?	부모님에게 컴퓨터 사용법 알려 드리기	어르신을 위한 컴퓨터 교실		
관심 있는 것은?	환경 문제	친환경 제품 소개하기		
현재 없지만 필요한 것은?	더 좋은 차량용 걸이형 정리함	만들자!		
존경하는 사람과 그의 특징은?	할머니, 파이를 정말 맛있게 구우심	할머니의 비법으로 만든 파이 판매		

합니다. 그렇다면 사업을 운영하는 자신도 즐거워
야겠죠?

4. 내가 할 수 있을까?(Doable): 지구의 저궤도
운항은 사업 아이디어로는 지나치게 이른 감이 있
죠? 여러분이 할 수 있는 간단한 것부터 시도해 보
세요.

2단계:
열정적으로 마케팅하기

제품을 팔든 서비스를 제공하든 **마케팅***을 해야
여러분의 새로운 사업을 사람들에게 널리 알리고
돈을 벌 수 있습니다. 직접 제품을 보여주고 전단지
를 뿌리는 것부터 홍보 웹사이트를 열거나 비행기
꼬리에 현수막을 다는 것까지 방법은 다양합니다.

마케팅을 하려면 여러분의 제품을 구매하거나
서비스를 이용할 만한 고객부터 파악해야 합니다.
잠재적 고객은 목표 시장(target market)이라고도 하
며 제품이나 서비스를 구매하는 사람들을 뜻합니
다. 아까 치와와를 위한 우비 이야기가 잠깐 나왔
죠? 이 제품은 개를 키우지 않는 사람들을 목표로
삼아서는 아무 의미가 없습니다. 그리고 개가 입을
우비라면 아무래도 사치품으로 여겨질 수도 있겠
죠? 그렇다면 대체로 금전적 여유가 있는 사람들을
목표로 삼아야 할 겁니다. 따라서 반려동물을 허용

하지 않는 아파트 건물에 전단지를 붙이기보다는
개를 반기는 분위기의 부유한 동네에서 나오는 지
역 소식지에 광고를 싣는 게 낫습니다.

어때요, 이제 머릿속에 그림이 그려지나요?

마케팅의 네 가지 요소

목표 시장이 정해졌나요? 그렇다면 이제부터 고
려해야 할 네 가지 요소가 있습니다. 이번에는 영
문으로 모두 P로 시작하네요. 바로 상품(Product),
가격(Price), 장소(Place), 홍보(Promotion)입니다.

1. 상품

상품은 여러분이 고객에게 판매할 물건입니다.
상품을 만들 때 고민해야 할 것들은 여러 가지가
있어요.

'상품 로고나 브랜드명이 있는가? 상품 또는
서비스의 특징은 어떠한가? 포장은 어떻게 할까?
어느 정도의 품질을 제공할 것인가? 환불 보증은
가능한가?' 등이죠.

상품을 구상한다는 것은 앞서 말한 이 모든 사
항을 고려한다는 뜻입니다. 여러분이 고객에게 제
공하기로 계획한 모든 가치 말이죠.

여러분도 도전할 만한
사업 아이디어 목록

서비스

- 반려동물이나 아이들, 가족 행사 등을 주제로 사진이나 영상 촬영하기
- 선물 포장 및 배달하기
- 데이터 입력, 문서 작성, 전단지나 포스터 디자인, 웹사이트 제작 등 컴퓨터 기술을 가르치거나 제공하기
- 영어나 수학, 피아노, 수영 등 개인 교습하기
- 부모님 일 돕기
- 반려동물 돌보기: 사료 주기, 목욕 시키기, 산책하기
- 화분 관리하기
- 집 청소: 청소기 돌리기, 바닥과 창문 닦기, 창고, 다락방, 수납장 정리하기
- 세차하기, 차고 진입로 청소하기
- 장보기 대행: 주문 받은 물품을 구입해 집까지 배달하기
- 울타리나 가구에 페인트나 유성 착색제 바르기
- 잔디 깎기, 낙엽 쓸기, 눈 치우기
- 생일 파티 이벤트: 음악 연주자, 마술사 등
- 알뜰시장 등 이웃과 함께하는 행사 열기
- 재활용 병과 캔 모으기

상품

- 직접 디자인하거나 제작한 상품 팔기: 빵, 사탕, 반려동물 간식, 새집, 티셔츠와 운동화, 털모자, 털장갑, 목도리, 액자, 인사말 카드, 명절 장식품, 액세서리, 열쇠고리, 지갑, 비누나 양초, 식물 모종 등
- 중고 가게나 중고 거래 웹사이트를 통해 옷이나 책, CD, 장난감, 자전거 등 중고 물품 팔기
- 가판대 운영: 레모네이드, 주스, 과일, 꽃 등
- 고장 난 가전제품을 고쳐서 팔기
- 자동판매기 운영하기

콘텐츠

- 1인 미디어 제작자, 영상 크리에이터 되기

상품 vs. 서비스

어떤 사업을 시작할지 아직 모르겠다고요? 일단 레모네이드 가판대, 컴퓨터 수리 등 여러분이 선택할 온갖 사업들은 모두 상품 또는 서비스 둘 중 하나이거나 둘이 결합된 형태일 겁니다.

서비스

서비스는 첫 사업으로 손쉽게 도전할 수 있는 형태입니다. 더 이상 필요없는 중고물품을 팔거나 펫시터, 청소 등이 해당되겠죠. 하지만 사람을 더 고용하지 않는 이상, 하루 동안 일할 수 있는 시간을 제한하세요.

상품

상품은 좀 더 까다로워요. 우선 자금을 마련해야 합니다. 또한 개성 있는 상품을 떠올리기가 쉽지 않죠. 하지만 인기를 얻는다면 많은 돈을 벌 수 있습니다.

2. 가격

상품 또는 서비스의 가격은 어떻게 정할까요? 적절한 가격을 책정하는 방법을 소개합니다.

· 상품 하나를 만드는 데 들어가는 비용을 계산한 뒤 이윤을 위한 백분율을 더합니다. 예를 들어 잼을 만들어 팔려는데 한 병당 3,000원이 든다고 가정할게요. 이윤은 최소 25%를 기대합니다. 그렇다면 원가에 3,000원의 25%인 750원을 더해야겠죠. 따라서 잼 한 병당 가격은 3,750원이 됩니다.

· 경쟁업체의 가격을 조사해서 그보다 약간 높거나 낮게 책정합니다.

· 사람들에게 상품을 보여 주고 얼마를 지불할 의향이 있는지 물어봅니다.

· 특정 가격으로 일단 판매한 뒤 결과에 따라 가격을 조정합니다. 혹시 가격을 올렸다가 안 팔린다면? 이번엔 가격을 내려야겠죠.

가격이란 여러분이 고객에게 제공하는 가치이기도 하다는 점을 기억하세요. 만약 이웃 아이들이 잔디를 깎는다면 여러분은 같은 가격으로 잔디도 깎고 화단의 잡초도 제거하세요. 쿠키는 이왕이면 귀여운 용기에 담아서 파세요. 그게 상품이 가진 가치를 높이는 방법이랍니다.

3. 장소

고객이 여러분의 상품 또는 서비스를 구할 수 있는 장소는 어디인가요? 온라인 사이트, 아니면 오프라인 상점? 잠재적 고객을 어디서 찾을 수 있을지 생각해 보세요. 그리고 고객이 여러분의 상품을 손쉽게 구할 수 있도록 하세요. 만약 세차 서비스를 제공하기로 했다면 지저분한 차들이 많은 장소를 알아내야겠죠.

고객이 가장 필요한 순간에 여러분의 상품을 쉽게 접할 수 있는 장소에 상품을 배치하세요. 슈퍼마켓에 가면 나초 치즈 딥이 토르티야 칩 바로 옆에 놓여 있는 모습을 본 적 있나요? 이 방법 덕분에 치즈 딥의 매출은 올랐을 겁니다.

4. 홍보

이제 소문을 내야 합니다. 첫 사업을 시작한 여러분은 최소의 비용으로 최대의 효과를 원할 겁니다. 고객의 눈과 귀를 사로잡는 아홉 가지 전략을 소개합니다.

- **입소문 내기:** 사람들은 광고보다 주위 사람들의 이야기에 더 귀를 기울인답니다. 상품에 만족한 고객이 있다면 그 고객에게 소문을 내달라고 부탁하세요. 친구를 데려오면 '할인'해 주겠다고 제안하면 더 좋고요.

- **웹사이트 열기:** 무료이거나 가격이 싼 웹사이트 서비스는 차고 넘칩니다. 블로그도 무료이고요. 화려하게 만들려고 하지 마세요. 기본 양식을 골라서 홍보 내용을 적으세요. 그리고 여러분이 아는 모든 사람에게 사이트 링크를 보내세요.

- **행사 후원하기:** 학교나 교회, 동네에서 열리는 행사를 도우면서 그 대가로 상품 광고 포스터를 붙이거나 전단지를 돌려도 될지 문의해 보세요.

- **명함 만들기:** 아무리 기술이 발달해도 잘 만든 고전적인 종이 명함은 여전히 필요합니다.

- **언론 활용하기:** 지역 신문에 여러분의 사업 이야기를 투고하세요. 여러분이 어린이 사업가라는 사실을 꼭 넣어야 합니다. 사람들의 관심을 끌기에 딱 좋은 기삿거리일 테니까요.

- **전단지 만들기:** 전단지를 여러 장 인쇄해서 공공 게시판에 붙이세요.

- **기사 쓰기:** 〈뉴욕 타임스〉에 기사를 쓰라는 이야기는 아닙니다. 소규모 지역 언론사들은 종종 외부 기고문을 받아요. 블로그 운영자 중에도 그런 경우가 있죠. 지식이 풍부한 사람으로 본인을 홍보하세요. 기사 옆에는 꼭 여러분의 연락처를 남기세요.

- **자사 브랜드가 그려진 옷 입기:** 여러분이 만든 브랜드 로고가 그려진 티셔츠를 몇 장 제작해

서 입으세요. 대화의 물꼬를 틀 수 있는 좋은 이야 깃거리가 될 거예요.

- **영상 만들기:** 다시 강조하지만 결코 화려할 필요는 없습니다. 여러분의 제품이나 전문 지식을 보여줄 수 있는 간단한 영상이면 됩니다(휴대전화로 찍거나 카메라를 대여해서 촬영하세요). 유튜브 등 누구나 볼 수 있는 곳에 영상을 올리고 관련 링크를 걸어 두는 것도 잊지 마세요.

3단계: 이 아이디어로 돈을 벌 수 있을까?

사업 아이디어가 준비되었다면 이제 사업 성공 의 제1규칙을 따라야 할 차례입니다. 바로 '이윤 남기기'입니다. 이윤은 정산을 다 마친 뒤에 남는 돈입니다. 이윤을 남기려면 수입이 지출보다 많아 야 합니다. 서비스를 제공하는 경우의 예상 수입은 시간당 요금에 일할 시간을 곱한 액수이며, 상품을 제공하는 경우에 예상되는 수입은 판매할 물건의 수에 가격을 곱한 액수입니다. 예상되는 수입을 추 정할 때는 1개월이나 1년과 같은 시간 단위를 기점 으로 사용하세요.

지출은 사업을 운영하면서 드는 비용입니다. 그 달 또는 그 해에 사업을 하면서 들어갈 돈을 다 계산하세요. 물품과 관련된 비용처럼 분명하게 드

러나는 요소 말고도 마케팅 비용처럼 덜 드러나는 요소까지 모두 따져야 합니다.

금액이 큰 물건을 구입할 경우에는 기간을 더 길게 잡아서 비용을 분산시킬 수 있습니다. 그 금액 을 몇 달 안에 지불할지 정해서 총 금액을 개월 수 로 나누면 됩니다. 그럼 1개월치 비용을 월 지출액 에 포함시키는 겁니다.

예를 들어 마당 관리 사업을 위해 30만 원짜 리 잔디 깎는 기계를 구입한다고 가정할게요. 여 러분은 이 기계 값을 1년간 나누어 낼 예정입니다. 30만 원을 12개월로 나누면 매월 2만 5,000원입 니다. 그럼 여러분은 12개월간 매달 들어갈 지출액 에 2만 5,000원을 넣으면 됩니다.

총 수입에서 총 지출을 뺀 금액을 확인해 보세 요. 그러면 여러분의 사업이 이윤을 남길 수 있을지

강아지용 우비 홍보하기!

대략 예측할 수 있습니다.

만약 숫자가 마이너스로 나오고 아무래도 이윤을 남기기 어려울 것 같다면 조정을 해야 합니다. 재료를 더 싸게 살 수 있을까요? 상품 가격을 올리면 어떨까요? 마케팅 비용을 줄일 수도 있습니다. 숫자가 플러스가 될 때까지 계속 조정해 보세요. 그래도 답이 나오지 않는다면 다른 아이디어를 고민하거나 주위에 조언을 구하세요. 사업이 본격적으로 시작되기 전에 계획하는 단계이기에 누릴 수 있는 장점이랍니다.

계좌 분리하기

회사 돈과 개인 돈을 분리하지 않고 뒤섞어 두면 사업의 수익성을 제대로 파악하기 어렵습니다. 현재 여러분이라면 개인 계좌가 하나씩 있겠죠? 그럼 같은 은행 또는 신용협동조합에서 사업용 계좌를 따로 개설하기가 까다롭지 않답니다. 은행에 방문해서 문의하세요. 기꺼이 도움을 줄 거예요. 아직 계좌가 없다면 걱정 마세요. 다음 장에서 계좌를 개설하는 방법을 자세히 다룰 거예요. 또 하나, 사업상의 '모든' 지출은 영수증을 남겨 두세요. "영수증이요? 전 그냥 휙 버리는데요?" 네, 이제는 버리지 말고 모아 두세요. 여러분이 쓴 돈을 합산하기 좋고 세금 신고할 때 절세 효과가 있답니다. 진짜 사업의 세계로 오신 걸 환영합니다! (p.92에 계속 →)

크라우드 펀딩하기

크라우드 펀딩 은 사업을 시작하거나 성장시키기 위해 필요한 돈을 모으는 방법 중 하나입니다. 일반적으로 인터넷을 통해 다수의 개인들로부터 금전적인 후원을 받는 방식으로 이루어집니다.

후원자에게는 멋진 시계나 사인된 영화 포스터 같은 보상이 주어지는 게 보통이죠. 꼭 보상이 없더라도 어쨌든 누군가가 사업을 순조롭게 시작할 수 있도록 도왔으니 덕을 쌓은 셈이겠죠?

성공적인 사업을 위한 예산안 짜기

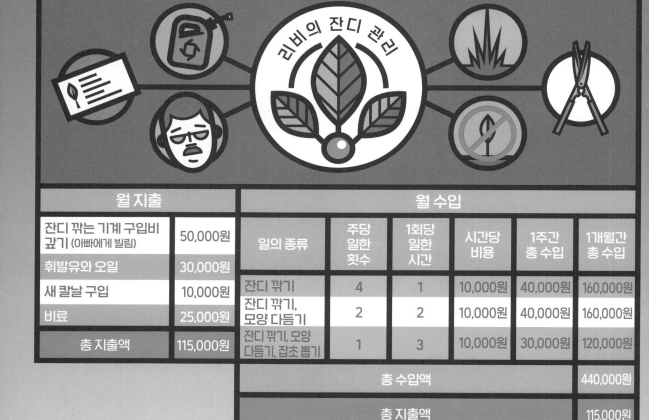

월 지출	
잔디 깎는 기계 구입비 깎기 (아빠에게 빌림)	50,000원
휘발유와 오일	30,000원
새 칼날 구입	10,000원
비료	25,000원
총 지출액	115,000원

일의 종류	주당 일한 횟수	1회당 일한 시간	시간당 비용	1주간 총 수입	1개월간 총 수입
잔디 깎기	4	1	10,000원	40,000원	160,000원
잔디 깎기, 모양 다듬기	2	2	10,000원	40,000원	160,000원
잔디 깎기, 모양 다듬기, 잡초 뽑기	1	3	10,000원	30,000원	120,000원
총 수입액					440,000원
총 지출액					115,000원
총 이윤(총 수입액 − 총 지출액)					325,000원

 리비는 아주 훌륭히 해내고 있습니다. 다만 현재 살고 있는 지역에 따라 봄과 여름에만 사업을 운영할 수도 있다는 점은 유념해야겠습니다. 가을과 겨울에는 갈퀴와 눈 치우는 삽을 구입하기 위해 지출해야 할 수도 있겠네요.

사업의 핵심은 이윤입니다. 별도의 예산안을 만들어서 수입과 지출 내역을 추적하세요. 이를 통해 여러분은 은행 잔고가 제대로 된 방향을 향하고 있는지 확인할 수 있답니다. 그럴듯한 컴퓨터 프로그램을 활용해도 좋고 그냥 헌 스프링 제본 노트에 써도 좋아요. 스마트폰의 예산안 앱을 활용하는 사람들도 많아요. 여러분에게 잘 맞는 방식을 택하면 됩니다. 소규모 사업에 맞는 예산안의 예시 두 가지를 보여 드립니다.

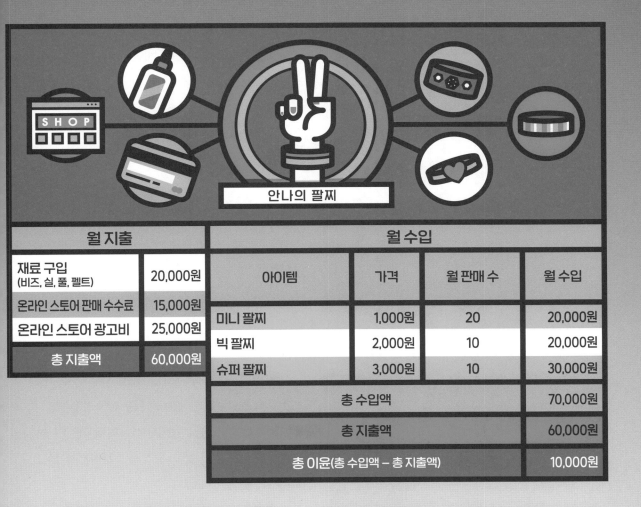

안나의 팔찌

월 지출	
재료 구입 (비즈, 실, 풀, 펠트)	20,000원
온라인 스토어 판매 수수료	15,000원
온라인 스토어 광고비	25,000원
총 지출액	60,000원

월 수입			
아이템	가격	월 판매 수	월 수입
미니 팔찌	1,000원	20	20,000원
빅 팔찌	2,000원	10	20,000원
슈퍼 팔찌	3,000원	10	30,000원
총 수입액			70,000원
총 지출액			60,000원
총 이윤(총 수입액 – 총 지출액)			10,000원

 안나는 이윤이 한 달에 1만 원밖에 되지 않아요! 마케팅을 강화하거나, 지출 비용을 줄이거나, 상품을 개선해서 판매량을 늘려야 합니다. 다행히 이렇게 수입과 지출을 추적하는 과정을 거친 덕에 문제를 빨리 해결할 수 있겠네요.

사업자등록은 어떻게 할까요?

사업을 시작하려면 사업을 시작한 날로부터 20일 내에 '사업자등록신청서'를 관할 세무서에 제출해야 합니다. 여러분도 사업자등록을 할 수 있어요. 부모님과 함께 관할 세무서에 가야 하고 부모님의 동의서와 납세관리인 설정신고서, 사업자등록신청서, 임대차계약서 사본, 본인 도장 등을 지참해야 합니다.

상세한 내용은 관할 세무서를 방문하거나 인터넷에서 '미성년자 사업자등록'을 검색하세요. 내용이 복잡하니 부모님과 함께 살펴보길 바랍니다. 어렵게 느껴지겠지만 직접 해 보면 정말 많은 것을 배울 수 있을 거예요.

4단계: 사업 개시하기

사업 계획을 세부적으로 확정했나요? 좋습니다. 그럼 이제 계획 단계를 넘어 사업을 개시할 타이밍입니다. 상품을 가져다가 가까운 사람들에게 평가해달라고 부탁하세요. 이웃에게 서비스를 제공하는 것부터 시작해 보세요. 어서 서두르세요. 경쟁자들이 여러분 몫까지 다 가져가겠어요! 그렇게 하도록 둘순 없겠죠? 바로 시작합시다!

사업이 잘 된다면?

사업을 개시하고 계획대로 잘 흘러가는군요. 잘했습니다! 성공을 즐기며 10억 만들기 목표를 가동하세요. 단, 성공에 안주해서는 안 됩니다.

- **항상 긴장을 늦추지 마세요:** 여러분의 상품 또는 서비스를 개선할 방법이 있을지 궁리하세요.
- **앞서 나가세요:** 경쟁자보다 뒤처지면 안 되겠죠? 연구를 많이 하고 고객과 소통하면서 최신 트렌드에 관심을 가지세요.
- **도움을 얻으세요:** 다른 사람들의 두뇌를 빌리세요(물론 진짜 뇌는 말고요). 힘이 될 만한 친구나 가족에게 도움을 청하고, 만약 돈을 충분히 벌고 있

다면 그들에게 대가를 지불해도 좋겠습니다.

- **투자하세요**: 이윤의 일부를 마케팅과 더 좋은 장비, 교육에 투자하세요. 사업이 더 성장할 수 있는(돈을 더 벌 수 있는) 최고의 방법입니다.

사업이 잘 풀리지 않는다면?

사업을 개시했는데 모든 게 계획대로 잘 되지 않는다고요? 원하는 만큼 돈을 벌지 못하고 있군요. 그래도 포기하지 마세요!

- **당황하지 마세요**: 사업을 계속 이어가세요. 생각보다 성공이 가까이 와 있을지도 모릅니다.

- **조정하세요**: 문제가 무엇인지 파악하고 바로 잡으려고 노력하세요. 혹시 상품의 가격이 너무 높지 않은가요? 목표 고객을 잘못 잡지 않았나요?

- **사업의 여정을 즐기세요**: 여러분이 좋아하는 분야를 사업으로 삼았길 바랍니다. 긴장을 풀고 즐거운 마음으로 사업의 변화를 지켜보세요.

(p.96에 계속 →)

사업은
정직하게 해야 합니다.

정직하지 못한 사업은 안 돼요!

사업자등록을 하고 사업을 시작했다면 아무리 나이가 어리다고 해도 세금은 피할 수 없죠. 1년간 일정 금액 이상의 돈을 벌었다면 반드시 세금을 내야 합니다. 펫시터나 잔디 깎기 같은 집안일을 해서 돈을 벌었다면 세금 걱정을 하지 않아도 됩니다.

세금에 대해 더 알고 싶다면 **국세청**에 문의하는 방법이 가장 좋습니다(국세청이 어떤 곳인지 잘 몰랐다고요? 사업이 잘 되고 있다면 곧 자세히 알게 될 겁니다!).

국세청에서는 무료로 세금 상담을 제공합니다. 국세청 고객만족센터(국번 없이 126번)로 연락하거나 웹사이트(www.nts.go.kr)를 방문해보세요. 세법은 자주 바뀌므로 계속 확인해야 합니다. 세금을 제대로 납부하지 않아 국세청이 여러분의 재산을 가져가는 일이 없으려면 말이죠. 부자들에게는 매번 일어나는 일이랍니다. 만약 여러분이 돈을 엄청나게 벌기 시작했다면 그때부터는 세무사와 상담하세요.

93

엄청난 에너지를 가진 연쇄 창업가들

어떤 부자들은 연쇄 창업가의 행보를 보여줍니다. 연쇄 창업가란 돈 버는 아이디어 하나의 성공에 그치지 않고 계속 새로운 사업을 이어가는 사람을 뜻합니다. 디스코 춤을 가르치고 잡지를 만들고 지구의 궤도를 도는 등 온갖 분야를 망라해 사업을 벌이죠.

오프라 윈프리

- 슈퍼마켓에서 첫 일자리를 구함.
- 열여섯 살에 지역 라디오 방송국에서 생방송으로 뉴스를 읽음.
- 열아홉 살에 TV 뉴스의 공동 앵커로 고용됨.
- 〈A.M. 시카고〉의 앵커가 됨. 이 프로그램은 나중에 〈오프라 윈프리 쇼〉로 이름이 바뀜.
- 제작사 '하포 프로덕션 주식회사'를 설립함.
- 영화 〈비러브드〉를 제작함.
- 잡지 〈O, 더 오프라 매거진〉을 창간하고 24시간 방영 케이블 채널 '옥시즌 네트워크'를 설립함.
- 뮤지컬 〈더 컬러 퍼플〉을 브로드웨이 무대에 올리기 위해 10억이 넘는 돈을 투자함.
- XM 위성 라디오에서 〈오프라와 친구들〉을 방송함.
- TV 네트워크 'OWN'을 설립함.

마크 큐반

- 열두 살에 농구화를 사기 위해 쓰레기봉투 판매에 나섰음.
- 대학교 1학년에 등록금을 마련하기 위해 춤을 가르침.
- 은행에 취직함.
- PC 소프트웨어를 판매함.
- 소프트웨어 프로그래밍 및 컨설팅 관련 회사를 설립함.
- 인터넷 라디오 회사 '브로드캐스트닷컴'을 설립함.
- 미국 프로 농구팀 '댈러스 매버릭스'를 약 2,850억 원에 인수함.
- 미디어 그룹을 설립함.
- ABC와 함께 리얼리티 TV 시리즈를 제작함.
- 최첨단 변기 시트에 투자함.
- 리얼리티 TV 시리즈 〈샤크 탱크〉에 출연진으로 참여함.

리처드 브랜슨

- 열한 살에 학교 친구들에게 크리스마스 트리와 새를 판매함.
- 열여섯 살에 잡지 〈스튜던트〉를 창간함.
- 온라인 주문 레코드 회사 '버진'을 설립함.
- 런던에 레코드 판매점 '버진'을 개점함.
- 음악 레이블 '버진 레코드'를 설립함.
- 항공사 '버진 애틀랜틱'을 설립함.
- 이동통신사 '버진 모바일'을 설립함.
- 은행 '버진 머니'를 설립함.
- '버진 그린 펀드'를 통해 재생 에너지 분야에 투자함.
- 우주 비행선에 승객들을 태우고 지구 궤도를 도는 약 2억 원짜리 상품을 발표함.
- 첫 '버진 호텔'을 개점함.

• **다시 도전하세요:** 첫 사업이 잘 되지 않았다면 다시 처음으로 돌아가 다른 걸 시도하세요. 야구 방망이를 여러 번 휘두를수록 안타를 칠 확률도 높아지겠죠?

실패를 두려워하지 마세요

첫 번째로 시도한 사업이 잘 되지 않았나요? 걱정 마세요. 누구나 그래요. 성공과 실패의 차이는 누가 더 끝까지 밀고 나가느냐 하는 데서 나오죠.

KFC를 창업한 콜로넬 샌더스는 허브와 양념이 들어간 자기만의 치킨 레시피를 파는 데 성공하기까지 식당 1,000곳 이상을 돌아다녀야 했습니다. 토머스 에디슨과 스티브 잡스의 사례도 기억나나요? 그들이 지닌 공통점이 무엇일까요? 바로 계획입니다. 잘 안 되는 게 있다면 계획 단계로 돌아가 무엇이 잘못되었는지 파악하세요. 여러분이 제2의 콜로넬 샌더스가 될 수 있다는 걸 기억하세요!

한눈에 보기

1. **사업 계획을 탄탄하게 세우세요.** 기회는 더 늘어나고 여러 문제 상황을 예상해 볼 수도 있어요. 네 개의 P와 D를 기억하세요.

2. **작은 사업부터 시작하세요.** 이웃들에게 전단지를 돌리는 일부터 해 보는 거죠.

3. **돈을 추적 관리하세요.** 은행 계좌를 따로 만들어 수입과 지출 내역을 관리해야 합니다. 이윤을 내고 있는지 확인하세요!

4. **사업을 실행해 보세요.** 최고의 사업 아이디어도 그냥 두면 소용없습니다. 사업을 하려면 열심히 노력하고 인내해야 합니다.

제7장

모으고
또 모으자

$1,000,000

SAVE, SAVE, SAVE

돈을 쓰는 법이야 다들 잘 알고 있을 겁니다. 현금을 건네면 여러분이 원하는 걸 얻을 수 있죠. 문제는 그 돈을 일단 마련해야 한다는 겁니다. 앞에서도 말했지만 부자는 돈을 모으는 사람이지 쓰기만 하는 사람은 아닙니다. 돈을 쓸 줄만 안다면 결코 부자가 될 수 없습니다.

하지만 부자처럼 모을 줄 안다면 평생을 돈 모으는 데만 매달리며 살 필요가 없습니다. 10억을 모은다고 해도 일부만 모으고 나면 나머지는 돈이 알아서 불어날 겁니다. 돈 모으는 방법을 하루빨리 배워야 목표를 달성하는 그날이 더 빨리 찾아옵니다.

돈 모으기, 아주 멋진 일이죠

돈 모으는 일이 지루하다고 생각하는 사람들이

있습니다. 부자처럼 보이기만 하면 부자가 된 거라고 여기면서 말이죠. 안타깝지만 그건 사실이 아닐뿐더러 그럴 일은 절대 없을 겁니다. 나이가 들수록 여러분은 돈이 아주 많지만 돈을 모으기 위한 원칙은 딱히 없는 사람들의 이야기를 종종 듣게 됩니다. 더 나쁘게는 빚이 수천만 원씩 쌓인 사람들의 이야기도 들을 테고요.

변화를 계속해서 일구어 나가는 태도는 세상 무엇보다 멋집니다. 돈을 많이 모을수록 경제적인 힘도 커지고 자부심도 커지죠. 돈을 모으는 태도를 계속 훈련하세요. 돈을 모으는 것을 평생 해야 할 게임이라고 여기세요. 조금만 훈련하면 곧 꽤 잘하게 될 겁니다.

돈 모으는 법
(짧은 버전)

돈을 쓰지 마세요. 끝.
정말이에요. 쓰지 마세요.
이만 줄입니다. 감사합니다.

돈 모으는 법
(긴 버전)

사실 돈을 모은다는 건 앞서 말한 수준보다는 조금 더 복잡한 일입니다. 이론상으로는 쉬워요. 들어오는 돈(수입)이 나가는 돈(지출)보다 더 많도록 유지하면 됩니다. 하지만 아껴야 할 순간과 써야 할 순간을 어떻게 구별할 수 있을까요? 슬그머니 다가오는 온갖 유혹 앞에서 어떻게 절제할 수 있을까요? 지금껏 두둑하게 모아둔 돈을 어떻게 지킬 수 있을까요? 그 비결은 바로 '**욕망***'과 '필요'를 구분하는 것입니다.

정말로 필요한 것

한 학생이 군것질이나 장난감을 사지 않고 돈을 충분히 모은 덕에 창업을 할 수 있었다는 식의 이야기, 한 번쯤 들어본 적 있을 겁니다. 물론 사람들이 다 저 정도의 자제력을 갖고 태어나진 않았어요. 그러니 욕망과 필요를 구분할 수 있어야 합니다.

필요는 음식, 물, 옷, 집과 같이 아주 기본적인 요소를 의미합니다. 욕망은 우리가 원하는 것이죠. 우리를 기분 좋게 하는 것, 삶을 더 편리하게 만드는 것, 남의 눈에 띄어 돋보이도록 만드는 것 등이 해당됩니다. 그게 없다고 목숨이 위태롭진 않아요. 하지만 그걸 사고 싶다는 바람이 강력하게 듭니다. 물이 '필요'라면, 유명 브랜드의 탄산수는 '욕망'이죠. 주거지가 '필요'라면, 대저택은 '욕망'일 테고요. 교통수단은 '필요'이고, 스포츠카는 '욕망'입니다.

욕망과 필요를 구분할 수 있다면 돈을 모으는 데 도움이 될 결정을 내리기가 훨씬 쉬울 겁니다. 자, 자기 자신에게 질문하세요.

'내가 지금 _____를 갖지 못한다고 해서 내 목숨이 위태로워질까?'

만약 이 질문에 대한 여러분의 답이 '아니오'라면? 축하합니다! 굳이 돈을 쓸 필요가 없겠군요. 약간 과장된 소리처럼 들릴지도 모르겠습니다. 하지만 대부분의 사람들은 다 필요한 수준 이상으로 욕망하죠. 소비를 제한하는 것, 여러분이 꼭 배워야 하는 원칙입니다.

은행에 넣으세요

돈을 모은다는 게 서랍에 현금을 숨겨 두자는 의미는 아닙니다. 왜냐고요? 현금 뭉치가 여러분의 주머니 속에서 활활 불타오르며 구멍을 내고 "날 써야 돼! 어서!" 하고 조그만 목소리로 속삭인다면 돈을 모으기 힘들어집니다. 돈을 쓰고 싶은 유혹을 피하려면 은행이나 신용협동조합에 넣어 두세요. 현금은 한 번 사용하면 다시는 돌아오지 않아요. 또는 잃어버릴 수도 있어요. 남에게 빌려줬다가 영영 돌려받지 못할 수도 있고요! 또 도둑맞을 수도 있죠.

돈을 안전하고 효과적으로 모으려면 은행이나

신용협동조합에서 예금 계좌를 만드세요. 그리고 계좌에 정기적으로 입금하세요. 10억 모으기 목표를 달성하려면 이 방법부터 시작하는 게 가장 좋습니다. 다시 강조합니다.

 10억 모으기 목표를
달성하려면
여러분의 계좌에
입금하세요!

미래를 위해 저축하세요!

은행이나 신용협동조합의 예금 계좌에 돈을 보관해야 하는 중요한 이유 세 가지는 다음과 같습니다.

1. 안전성

은행과 신용협동조합은 여러분의 돈을 안전하게 지킵니다. 매우 안전하죠. 돼지저금통과 비교할 수 없이 안전합니다. 은행은 **예금보험제도***가, 신용협동조합은 신협중앙회에서 여러분의 예금액을 보호하거든요. 은행이 털려도 여러분의 돈은 아무 탈없이 안전할 겁니다.

3. 돈을 쓰고 싶은 유혹 피하기

'눈에서 멀어지면 마음에서도 멀어진다'라는 속담이 있습니다. 돈이 금융 기관에 묶여 있다면 돈을 쓰고 싶다는 유혹에 휘둘리는 일이 줄어들겠죠? 충동적으로 현금을 써 버리지 않도록 돕는 안전장치인 셈입니다.

2. 이자

은행들은 여러분이 맡겨둔 돈을 사용하겠다는 허락을 받고 그 대가를 지불합니다. 그게 바로 '이자'라는 개념이죠. 앞에서 잠깐 다룬 적 있었죠? 은행과 신용협동조합은 여러분이 맡긴 돈을 예비금으로 보관한 뒤에 다른 개인이나 회사에게 높은 이자율로 빌려줍니다. 요즘은 은행이 지급하는 이자가 그리 크지 않지만 그래도 서랍에 돈을 넣어 두는 것보다 낫죠.

은행 vs. 신용협동조합

은행과 신용협동조합은 서로 유사한 상품을 많이 다루지만 몇 가지 차이점이 있습니다.

- **은행:** 이윤을 추구하며 은행 주식을 가지고 있는 **주주***들을 위해 돈을 법니다. 은행은 보통 예금부터 다양한 투자 상품까지 넓은 범위의 서비스를 제공합니다. 대부분의 예금 상품이 예금보험공사의 보호를 받기 때문에 여러분이 은행에 맡긴 돈이 분실되거나 도난을 당하더라도 안심할 수 있습니다. 예금자보호 한도는 1인당, 금융기관당 최대 5천만 원(이자를 포함한 금액 기준)이니 안심하고 맡길 수 있겠죠?

- **신용협동조합(신협):** 이윤에 목적을 두지 않으며 조합원(신용협동조합의 고객)들이 소유한 조직입니다. 조합원을 위해 봉사하는 게 신용협동조합의 목적이죠. 그렇기 때문에 은행에 비해 예금에 붙는 이자는 더 크고 수수료는 더 낮습니다. 신용협동조합은 가입하는 지점마다 금리가 조금씩 다르니 직접 방문하거나 사전에 인터넷에서 검색해 본 후 찾아가는 것이 좋습니다. 여러분도 부모님과 서류를 준비하여 조합에 가입하고 계좌를 만들 수 있어요. 다만 은행과는 다르게 예금보험공사가 아닌 신협

중앙회에서 자체적으로 '예금자보호기금'을 운영하고 있답니다. 혹시 돈을 맡긴 신협에서 문제가 생기더라도 **원금***이 보장되니 걱정할 필요는 없어요.

어디서나 쉽게 수수료 없는 현금인출기(ATM)를 이용하고 싶다면 전국 규모의 대형 은행이 가장 좋은 선택이 될 겁니다. 높은 이자와 낮은 수수료를 원한다면 신용협동조합을 고려하세요. 여러분 각자의 경제적 목표에 알맞은 선택을 하는 게 무엇보다 중요하겠죠?

예금 계좌 만들기

계좌를 개설할 곳을 결정했다면 이제 예금 계좌를 만들어 봅시다. 부모님이 대신 만들어 줄 수도 있지만 여러분이 부모님과 함께 가서 만들어 보길 추천합니다. 직접 신청해 보고 궁금한 점은 담당 은행원에게 물어볼 수도 있으니까요.

계좌를 만들려면 다음과 같은 서류들이 필요합니다.

- 통장에 사용할 도장(서명 가능)
- 본인 기준으로 발급한 기본증명서(상세)

- 부모 또는 본인 기준으로 발급한 가족관계증명서
- 은행에 함께 가는 부모님의 신분증

만 14세 이상이면 주요 대형 은행에서는 부모님 없이 직접 통장을 발급받을 수도 있습니다. 그때는 부모님의 신분증이 아닌 여러분의 학생증, 여권, 청소년증 등 실명확인증표(학생증의 경우 사진, 이름, 주민등록번호가 표기되어 있어야 합니다)를 가지고 가야 합니다.

일단 지금은 계좌를 만드는 게 중요해요! 가까운 신용협동조합에 가도 좋고 현금인출기를 편하게 이용할 수 있는 은행에 가도 좋습니다. 아니면 부모님이 이용하는 금융 기관을 선택해도 좋습니다. 이제 부모님에게 "제 용돈은 계좌에 바로 입금해 주세요!"라고 말하면 어떨까요?

자신의 계좌에 먼저 입금하세요

앞서 이야기한 적 있지만 워낙 중요한 사항이기 때문에 다시 한 번 할게요.

여러분은 용돈으로 뭘 하나요? 최신 게임을 다운로드 받거나 새 옷을 사겠죠? 정말로 '필요'해서 휴대전화를 새로 장만할 수도 있고요. 그럼 늘 이런 식으로 돈을 쓴다면 저축은 언제 할 수 있을까요?

아마 못하겠죠. 그러니 여러분은 '자신에게 먼저 입금해야 합니다.' 언제나 반드시!

자신에게 먼저 입금한다는 것은 여러분의 주머니나 저금통에 현금이 생기면 쓰기 전에 일단 그 일부를 예금 계좌에 입금한다는 뜻입

107m

10억을 1,000원짜리 지폐로 쌓으면 107미터나 됩니다. 이제부터는 예금 계좌에 돈을 쌓아 두기로 해요!

자신에게 먼저 입금하세요!
이 책에서 꼭 기억해야 할
가장 쉬운 돈 모으는 비법입니다.
절대 잊지 마세요!

니다. 결국 소비보다는 저축을 '최우선'으로 여긴다는 뜻이죠. 급여를 받을 때마다 1만 원을 입금하는 식으로 일정한 금액을 저금할 수도 있고, 용돈의 20%를 입금하는 식으로 일정한 비율에 따라 저금할 수도 있습니다. 이걸 여러분의 예산에 꼭 반영하고 언제나 '자신에게 먼저 입금하세요!'. 저축하기로 한 돈을 쇼핑몰에 쓰기 전에 은행에 먼저 도달하도록 만드는 방법입니다!

이 비법을 어떻게 하면 가장 간단하게 실천할 수 있을까요? 정답은 바로 '자동 이체'입니다. 별도 계좌를 만들어서 매달 일정한 금액이 자동 이체되도록 설정하는 겁니다.

목표한 저축액을 매달 별도의 계좌에 이체하는 방법만으로도 여러분은 어렵지 않게 원하는 목표를 달성할 수 있을 거예요(돈을 쓰고 싶다는 유혹도 떨칠 수 있고요). 단, 자동 이체하는 돈이 빠져나갈 계좌의 잔액이 충분한지 늘 확인하세요!

현재의 저축이 미래를 든든하게

일관성을 유지하세요. 예금 계좌에 정기적으로 입금하는 습관이 무엇보다도 중요합니다. 액수가 얼마이든 상관없어요. 매주 입금해도 되고 매월 입금해도 됩니다. 뭐든 계속 유지하세요. '내 통장에 이만큼이나 돈이 쌓였네'라고 실감하려면 3~6개월 이상 걸리겠죠. 그래도 곧 저축은 습관이 됩니다. 매주 정해진 돈을 저축하지 않으면 불안해질 거

10억의 싹이 보잘것없이 느껴지나요?
계속 돈을 모으며 가꾸세요.
그리고 무슨 일이 벌어나는지 지켜보세요.

거래 은행 또는 신용협동조합을 고를 때 확인해야 할 사항

금융 기관 여러 곳을 돌아다니면서 이자율, 수수료, 서비스, 우대 조건 등을 비교하세요. 그런 다음에 여러분 각자에게 가장 잘 맞는 곳을 고르세요. 세부 항목에 따라 조건이 다를 수도 있으니 아래의 사항을 확인하세요.

- 보통 예금의 이자율이 얼마나 되는가? (낮을 테지만 아직까지는 괜찮아요)
- 출금 수수료는 얼마인가?
- 계좌를 만들 때 필요한 최소 금액은 얼마인가?
- 전국적으로 지점이 몇 개나 되나?
- 현금인출기는 어디에 설치되어 있는가?
- 인터넷 뱅킹을 제공하는가? (지금은 21세기! 아직 도 인터넷 뱅킹이 없다면 바로 그곳을 빠져나오시길!)
- 스마트폰 앱이 있는가?

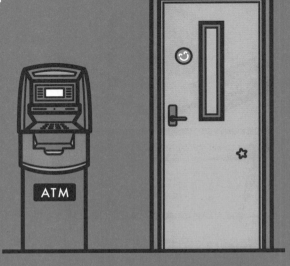

예요. 소액으로 시작했더라도 저축을 습관화하면 계좌 잔액은 계속 쌓이고 또 쌓이겠죠? 자, 일단 부자들 또는 유명인들이 말하는 저축 팁부터 살펴보고 시작하도록 하죠.

- 예상치 못했던 수입이 생기면 저축하세요. 삼촌이 주신 용돈 2만 원은 곧장 은행에 넣기로 해요.
- 충동구매는 안 돼요.
- 예산을 세워서 소비를 관리하세요.
- 지출을 줄일 수 있는 방법이 없을지 항상 고민하세요.
- 신용카드는 집에 두고 다니세요. 현금을 쓰세요. 그래야 돈을 덜 씁니다.
- 정가 다 주고 사지 마세요. 인터넷에서 최대 할인가를 검색하세요.
- 군것질하는 돈을 아끼세요.
- 이자율이 가장 높은 금융 기관을 찾으세요.
- 저축할 돈은 자동 이체로 설정하세요.
- 저축을 게임처럼 즐길 수 있는 방법을 찾아보세요. 이번 달에는 얼마나 저축할 수 있을지, 누가 먼저 10억을 모으는지 친구들과 경쟁을 해도 좋겠습니다.

인생 최고의 것들은 공짜!

부자가 되려면 되도록 돈을 쓰지 말아야 합니다. 그렇다고 재미를 누리지도 말아야 할까요? 천만에요. 인터넷 검색으로 동네에서 무료로 즐길 수 있는 다양한 활동을 찾아보세요. 돈을 들이지 않더라도 즐길 수 있는 방법이 엄청나게 많다는 사실을 알게 될 겁니다. 몇 가지 방법을 소개합니다.

- 대다수 박물관들은 매달 하루 무료로 입장할 수 있는 날을 정해둡니다.
- 자연은 거의 언제나 무료죠. 던지거나 찰 수 있는 놀거리를 들고 공원으로 향하세요.
- 도서관에 들러 신간을 둘러보세요. 경제지 최신호를 살펴보고 영화도 보고요. 여기 있는 모든 책들이 다 무료라니 놀랍지 않나요!
- 친구들과 '짠돌이 모임'을 결성하세요. 모임 회원들은 한 달에 한 번씩 만나되 규칙이 있습니다. 1인당 5,000원 정도의 빡빡한 예산으로 음식을 차리고 재미있게 노는 시간을 마련하는 겁니다.

저축 근육을 키워요!

보디빌더가 무거운 역기를 들면서 훈련하듯 여러분도 저축 목표를 달성하기 위해 꾸준히 저축하는 습관을 들여야 합니다. 창의적이면서도 규칙적으로 실천하세요. 그러면 여러분의 예금 통장에 근육이 붙을 겁니다. 물론 실수할 때도 있겠죠. 하지만 걱정 마세요. 이런저런 희생을 치르고 나면 결국은 다시 정상 궤도에 오를 겁니다.

108

오늘부터 시작해요!

아, 우리가 지금 고장 난 오디오처럼 똑같은 소리를 되풀이하는 것처럼 느끼기 시작했을지도 모르겠네요. 하지만 여러분이 부자처럼 생각하지 않고 오늘 당장 저축을 시작하지 않는다면 이 책에 실린 어떤 정보도 중요치 않거든요.

여러분은 스스로 마음을 잘 가다듬고 자제하면서 소비를 조절할 수 있나요? 정기적으로 자신의 통장에 먼저 입금할 수 있나요? 인내심을 갖고 계속 돈을 모을 수 있나요? 그럴 수 있다고요? 아, 잘됐네요. 사실 처음에는 모이는 돈이 너무 적고 보잘 것없어 보일 수 있어요. 그러다 어느 날, 자고 일어나 보면 예금 계좌 안에 수십만 원이 들어 있다는 사실을 깨닫게 됩니다.

이제부터 비밀이 아닌 듯 비밀인 이야기를 공유할 테니 자, 준비하세요. 여러분이 진짜 부자가 되는 길에 오르는 겁니다!

한눈에 보기

1. 어떻게 하면 **돈을 덜 쓸지** 고민하세요.

2. **욕망과 필요가** 어떻게 다른지 **구별할 수 있어야 해요.**

3. **예금 계좌를 만들고** 정기적으로 돈을 입금하세요. 모으고 또 모으기!

4. **자신의 계좌에 먼저 입금하세요.**

5. 잊지 않았죠? **모으고 또 모으기!**

제8장

돈을 불리는 놀라운 방법

$1,000,000

THE POWER OF COMPOUND INTEREST

아인슈타인은 "복리*"는 우주에서 가장 강력한 힘이다"라고 말한 적 없습니다. 하지만 만약 아인슈타인이 그렇게 말을 했더라도 틀린 말은 아니죠. 복리는 우주에서 가장 강력한 힘이니까요!

아, 논란의 여지가 있는 의견일 겁니다. 하지만 어쨌든 이 책에서만큼은 감히 그렇게 말하고자 합니다. 복리는 우주에서 가장 강력한 힘이라고요. 여러분이 10만 원을 10억 원으로 만들 생각이라면

말이죠. 꼭 기억해 두세요.

일단 여러분의 관심을 끄는 데 성공했나요? 그럴 줄 알았어요.

비결을 밝히기 전에

예금에 돈을 맡긴다는 건 여러분이 은행에 돈을 빌려준다는 의미이기도 합니다. 은행은 돈을 맡겨달라

어느 쪽이 더 갖고 싶나요?

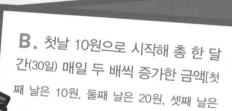

A. 10억 원

B. 첫날 10원으로 시작해 총 한 달 간(30일) 매일 두 배씩 증가한 금액[첫째 날은 10원, 둘째 날은 20원, 셋째 날은 40원, 넷째 날은 80원……$(10 \times 2)^{29}$].

함정이 있다는 걸 여러분도 눈치 챘나요? 어서 계산해 보세요!

정답은 복리의 힘과 관련 있습니다.

아, 계산하기 귀찮은 모양이군요. 바로 알려 드리죠.

정답: A도 나쁘지 않은 선택입니다. 하지만 B를 고르셔야죠. 10원부터 시작해 매일 두 배씩 한 달간 커진다면 총 금액은 5,368,709,120원입니다! 복리란 정말 대단하죠?

고 장려하고자 약간의 대가(그러니까 이자를 제공한다고 설명했었죠?)를 줍니다.

여러분이 예금 계좌에 **단리***로 10만 원을 맡긴다고 가정해 볼게요. 단리는 계좌에 원래 들어 있던 돈, 즉 원금을 기준으로 적용되며, 이 경우에 원금은 10만 원입니다. 또한 연 5% 이자율을 적용하고 이 계좌에 더 이상 돈을 입금하지 않는다고 가정하겠습니다. 그렇다면 여러분은 이자로 첫해에 5,000원, 이듬해에도 5,000원을 벌게 됩니다. 이 상태로 10년이 지나면 계좌의 돈은 150,000원으로 불어나 있겠죠.

비결이 밝혀지는 짜릿한 순간!

복리는 지급된 이자에 다시 이자가 붙는 방식입니다. 네, 정말입니다! 이번에는 복리로 원금 10만 원에 5% 이자율을 적용한다고 가정해 볼게요. 첫해에는 단리와 마찬가지로 5,000원을 벌어 총 105,000원이 됩니다.

하지만 이후부터 상황이 흥미로워지기 시작하죠. 이듬해에는 원금 10만 원과 첫해 이자 5,000원을 합한 금액을 기준으로 이자가 붙습니다. 따라서 105,000원의 5% 이자가 붙는 셈이죠. 계산하면 총 110,250원이 됩니다. 셋째 해는 원금 10만 원과 이듬해에 붙은 이자를 합한 금액에 다시 이자가

복리 계산하기

복리 계산법을 수학 공식으로 나타내면 다음과 같습니다.

$$A = P\left(1 + \frac{R}{N}\right)^{NT}$$

여기서,

A (amount accumulated) = 원금과 이자의 합계

P (principal amount) = 원금(초기 투자금)

R (annual nominal interest rate) = 연 이자율(복리 미반영)

N (number of times the interest is compounded per year) = 매년 복리가 적용되는 횟수

NT (number of years the money is borrowed for) = 돈을 맡기는 햇수

72의 법칙*

여러분이 가진 돈을 두 배로 불리려면 몇 해가 걸릴까요? 빠르게 알아낼 방법을 알려 드립니다. 72를 고정된 연 이자율로 나누기만 하면 됩니다. 정확하진 않아도 20% 이내의 이자율로 계산할 때는 대략적으로 맞는 수치입니다. 예컨대 10만 원을 연 10%의 이자율로 투자한다면 72를 10으로 나누는 거죠. 72/10 = 7.2년 그러니까 여러분이 연 이자율 평균 10%를 적용한다면 원금을 두 배로 불리는 데 걸리는 시간은 약 7.2년입니다. 쉽지 않은 일이지만 불가능한 일도 아니죠.

신용카드와 복리

복리가 여러분에게 불리한 경우도 있어요. 신용 카드에 복리를 적용한다면 더 이상 시간은 여러분의 편이 아닙니다. 신용카드 회사들은 여러분에게 돈을 빌려줄 때 복리를 적용합니다. 이자율도 높아요. 보통 12~30%에 이른답니다! 돈을 빌리는 기간이 길수록 이자는 더 늘어나죠.

붙어 총 115,762원이 됩니다. 이렇게 10년이 지나면 저축의 대가로 주어지는 돈은 150,000원에 그치지 않고 162,890원에 이릅니다. 단리와 같은 기간을 적용했을 때 복리는 거의 9%의 돈이 더 불어났죠. 이자에 이자가 붙는 방식을 적용했기 때문입니다.

복리가 지닌 의미

그렇다면 복리의 비결은 여러분에게 무엇을 의미할까요? 여러분이 훗날 10억을 모으는 게 목표라 해도 실제로는 10억을 다 모을 필요가 없다는 뜻입니다. 돈이 스스로 굴러가며 복리 이자를 벌 수 있도록 종잣돈만 충분히 마련하면 되는 거죠.

숨은 문제점은 없을까요?

복리는 마법이 아닙니다. 수학이죠. 원금과 이자가 쌓일수록 돈의 총량은 점점 더 빠르게 늘어납니다. 그런데 계좌에 돈을 추가로 넣지 않거나 중간에 얼마라도 돈을 빼내서 쓴다면 복리의 힘을 잃을 수 있습니다. 계속 정기적으로 입금하거나 투자해야만 하죠. 그래야 시간이 지날수록 여러분의 돈이 더 빠르게 더 크게 불어납니다. (p.121에 계속 →)

시간은 돈이다

복리를 더 일찍 굴리면 굴릴수록 더 빨리 더 많은 돈을 모을 수 있습니다. 이자율 5%인 예금 계좌에 10만 원을 넣고 그대로 둔다고 가정해 볼게요. 단리의 경우, 50년 후면 350,000원으로 불어납니다. 손가락 하나 까딱하지 않고 불린 돈이라고 생각하면 꽤 괜찮은 결과죠. 하지만 복리를 적용하면, 무려 1,146,740원으로 불어납니다! 초기 투자금이 고작 10만 원이었을 뿐인데 말이죠!

다음은 초기 투자금 100만 원, 이자율 10% 기준으로 만든 그래프입니다.

이자율 10%, 거치 기간 50년

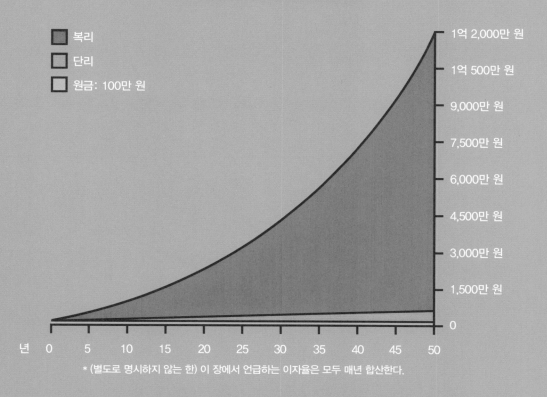

* (별도로 명시하지 않는 한) 이 장에서 언급하는 이자율은 모두 매년 합산한다.

비결 속의 비결

원금에 추가로 돈을 정기적으로 입금하는 방식을 실천해 보세요. 복리의 힘으로 수익 그래프가 더욱 상승할 거예요. 다음 사례들을 비교해 봅시다.

제이미와 안나는 둘 다 15세이며 똑같이 초기 투자금 500만 원으로 시작합니다. 일하고 받은 급여, 용돈, 삼촌이 주신 생일 축하금, 이웃 일을 거들고 받은 수고비 등으로 모은 돈이죠. 똑같이 저축 기간은 50년, 수익률은 평균 8%입니다. 제이미는 초기 투자금 500만 원 외에는 추가로 입금하지 않습니다. 하지만 안나는 꾸준히 매년 100만 원을 추가로 입금합니다(매월 약 83,330원 꼴이며 그 정도면 대다수 성인들이 부담할 수 있는 금액이죠).

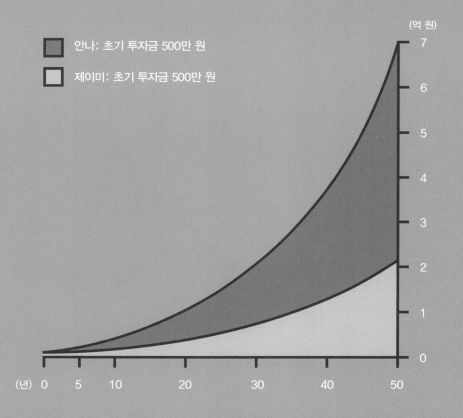

어때요? 원금에 추가로 입금하는 방식을 장기적으로 실천하니 놀라운 차이가 드러납니다. 50년 동안 매달 83,330원을 추가로 저축했을 뿐인데 안나의 돈은 기하급수적으로 불어났죠. 몇 년만 지나면 10억 모으기 목표를 달성할 수 있겠어요. 정말 놀랍죠?

잭슨과 레일라는 부자가 되고 싶습니다. 잭슨은 열다섯 살부터 매년 약 100만 원을 저축했습니다. 계좌 수익률은 평균 8%였습니다. 레일라는 30세가 될 때까지 저축하지 않았습니다. 잭슨은 장기간 복리의 힘을 이용할 수 있었기 때문에 상대적으로 돈을 덜 들여서 약 10억 목표를 달성했습니다. 정확히는 약 8,500만 원을 덜 들였죠. 잭슨이 장기간에 걸쳐 약 5,500만 원을 투자했다면, 똑같은 10억 목표라도 레일라는 약 1억 4,000만 원을 투자해야만 했습니다. 투자하는 시기가 잭슨보다 늦었기 때문이죠. 복리의 힘을 최대한 이용하려면 최대한 많은 돈으로, 최대한 어린 나이에 저축을 시작하세요.

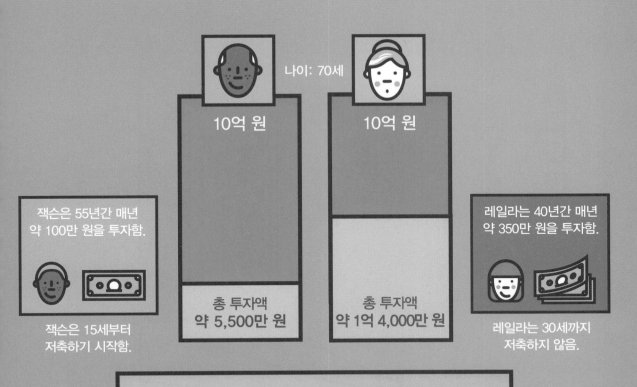

나이: 70세

10억 원

10억 원

잭슨은 55년간 매년 약 100만 원을 투자함.

잭슨은 15세부터 저축하기 시작함.

총 투자액 약 5,500만 원

총 투자액 약 1억 4,000만 원

레일라는 40년간 매년 약 350만 원을 투자함.

레일라는 30세까지 저축하지 않음.

둘 다 70세에 약 10억 원을 모으지만 레일라의 총 투자액은 약 1억 4,000만 원인데 반해 잭슨의 총 투자액은 약 5,500만 원입니다.

나중에는 지금보다 수익률이 높은 예금이나 투자 상품으로 옮기는 순간이 올 겁니다. 이게 바로 '포트폴리오' 의 개념인 셈이죠. 쉽게 말해 투자 상품의 '모음'이라 할 수 있죠. 다음 장에서 더 자세히 설명하겠지만 다양한 투자 상품이 포함되는 경우에 복리 이자율이 어떻게 작용하는지 예시를 통해 알아보겠습니다.

조지아는 40세까지 5,500만 원을 모았습니다. 이후 35년간 원금 5,500만 원을 투자한 결과가 이자율에 따라 얼마나 커다란 차이를 보이는지 그래프를 통해 확인할 수 있습니다.

정기 예금에 3% 이자율로 5,500만 원을 투자하면 35년 후 총액은 154,762,430원입니다. 만약 채권에 평균 6% 이자율로 5,500만 원을 투자하면 35년 후의 총액은 422,734,770원이 되죠. 놀라운 차이죠?

주식에 5,500만 원을 투자해서 9% 수익률을 올린다면 어떤 일이 벌어질까요? 1,122,768,240원입니다. 앞의 경우보다 3배 가까이 많은 액수네요. 알고 보니 조지아가 굉장히 똑똑한 투자자여서 주식 투자로 평균 12% 수익률을 기록했다면 어떨까요? 5,500만 원은 2,903,979,080원이라는 엄청나게 많은 돈으로 불어납니다. 이게 다 복리의 힘 덕분이죠.

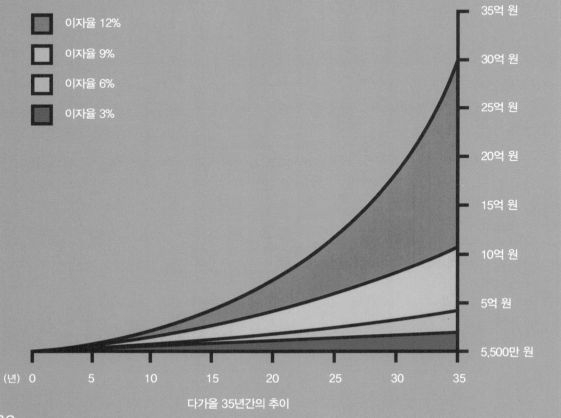

다가올 35년간의 추이

그러니까 핵심은, 10억 원을 모으고자 한다면 페달을 더욱 힘껏 밟아야 한다는 겁니다. 10억 원을 모으려면 대략적으로 매달 얼마나 저축해야 하는지 살펴봅시다. 결과는 여러분이 계획한 목표 달성 기간에 따라 달라집니다. (※연 복리 이자율 8%로 매달 합산한다고 가정했을 때.)

30년 안에 10억 원에 도달하려면
= 매달 약 706,000원
 총 투자금 약 254,160,000원

40년 안에 10억 원에 도달하려면
= 매달 약 309,000원
 총 투자금 약 148,320,000원

50년 안에 10억 원에 도달하려면
= 매달 약 140,000원
 총 투자금 약 84,000,000원

* 세금과 물가 상승률은 결과에 반영하지 않음.

이제 여러분도 비결을 아셨죠?

복리는 10억 모으기의 비결입니다. 이렇게 10억을 모으려면 약간의 수학이 들어가긴 하는데 그렇다고 굳이 계산을 잘할 필요는 없어요. 잘해야 하는 건 저축이겠죠?

그리고 한 살이라도 어릴 때 저축을 시작하는 게 중요한 이유를 납득하기 위해 굳이 아인슈타인을 끌어들일 것도 없어요. 복리가 온 우주에서 가장 강력한 힘은 아니라고 해도, 금융 세계에서 가장 강력한 힘인 것만큼은 사실이니까요.

한눈에 보기

· ·

복리로 돈을 모으면, **돈은 돈을 낳고** 또 그 돈이 더 많은 돈을 낳습니다.

제9장

투자를
하자

$1,000,000

INVESTING

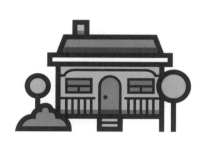

자. **지금쯤이면** 여러분이 10만 원 모으기라는 단기 목표를 달성했길 바랍니다. 어쩌면 이 책을 읽고 열의에 넘쳐서 이미 1,000만 원을 모으는 데 성공했을지도 모르겠네요! 만약 그렇다면 정말 축하합니다!

처음 돈을 모으기 시작할 때 예금은 돈을 보관하기에 좋은 장소입니다. 안전하고 약간의 이자도 주어지죠. 하지만 그걸로 10억 원을 만들 수는 없어요. 어쨌든 예금만으로는 여러분이 사는 동안

10억 원을 모으긴 힘들죠. 10억 원을 만들려면 **수익률***이 더 높은 투자처로 돈을 옮겨야 합니다.

그렇다면 수익률은 얼마나 더 높아야 할까요? 이번 장에서는 10억 원을 모으는 데 결정적인 역할을 할 투자에 대해 설명할 겁니다. 일단 수익률에 따라 돈이 얼마나 늘어나는지 살펴봅시다.

워런 버핏은
어떤 사람일까요?

워런 버핏은 역사상 가장 성공한 투자가로 널리 인정받는 인물입니다. 순자산 100조 원이 넘는 세계 최고 수준의 백만장자죠. 버핏이 투자가로서 유명해진 이유는 장기적인 관점을 갖고 사업의 기본 원칙이 건전한 기업에 투자했다는 점 때문입니다. 그가 투자한 기업들은 다른 사람들이 미처 못 보고 지나쳤을 수도 있는 곳들이었죠.

버핏은 버크셔 해서웨이의 1대 주주이며 회장이자 CEO입니다. 버크셔 해서웨이가 위치한 지역은 네브래스카 주 오마하인데, 버핏은 1958년에 구입한 오마하의 집에서 지금도 살고 있습니다. 부자의 사고방식을 제대로 실천한 사례일 겁니다! 버핏은 '오마하의 현인'이라는 별칭으로 불리며 수많은 투자 전문가뿐 아니라 일반 투자가들에게도 존경받고 있습니다.

이자율에 따른
수익의 변화

많은 금융 전문가들은 평균 5~12%의 연 수익률을 올려야 한다고 조언합니다. 예금으로는 결코 얻기 힘든 숫자죠.

10만 원을 연 1% 이자율의 예금에 넣는 경우와 연 5% 수익률의 투자처에 넣는 경우, 연 10% 수익률의 투자처에 넣는 경우를 비교하면 다음과 같습니다.

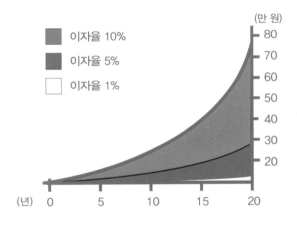

이자율이 1%라면 매년 느는 돈이 몇 푼 안 되죠. 20년간 느는 돈이라고 해 봐야 2만 원 정도입니다. 5%라면 어떨까요? 총액이 두 배 이상 늘어 약 271,850원이 됩니다. 10%라면? 7배 이상 늘어 무려 약 738,700원이 됩니다!

물론 그렇게 간단한 문제는 아닙니다. 높은 수

익률을 얻으려면 그만큼 노력을 기울여야 합니다. 그리고 더 중요한 문제는 투자 상품은 예금처럼 보호받지 못한다는 사실입니다. 여러분이 택한 투자 상품의 가치가 떨어지는 경우에 돈을 전부 잃을 수도 있는 위험을 감수해야 합니다. 똑똑한 투자자라면 기꺼이 손해를 감당할 수 있을 만큼만 투자해야 합니다.

투자란 무엇일까요?

투자는 돈을 더 많이 불릴 가능성이 있는 곳에 돈을 맡기는 것입니다. 그리고 여러분이 돈을 맡길 만한 투자처는 놀라울 정도로 정말 많습니다.

여러분은 어디든 투자할 수 있습니다. 뭐든 가능해요. 스케이트보드 타기를 좋아하나요? 그렇다면 스케이트보드나 보드용 신발을 만드는 회사에 투자하세요. 아니면 스케이트보드 전용 공원에 깔리는 콘크리트를 만드는 회사에 투자할 수도 있죠.

하다못해 스케이트보드 기술을 연습하다가 넘어진 동료가 타고 갈 구급차에 들어가는 연료를 만드는 회사에 투자할 수도 있답니다!

어디에 투자하든 시간이 흐를수록 투자 가치가 높아질 곳을 택하세요. 스케이트보드의 인기가 더 많아지고 더 잘 팔려서 결국 스케이트보드 회사의 투자 가치도 높아진다면 참 좋겠죠?

위험 요소와 보상

스케이트보드가 그렇듯 투자는 보상을 기대하며 위험 요소를 감수하는 일입니다. 새로운 스케이트보드 기술을 익힐 때면 더 멋진 스케이터가 되리라는 보상을 기대하며 바닥에 고꾸라진다는 위험을 감수하죠. 돈을 투자할 때도 마찬가지입니다. 돈을 더 벌 수 있다는 보상을 기대하며 돈을 잃을지도 모른다는 위험을 감수합니다. 여러분은 그런 위험 요소를 기꺼이 감수할 준비가 되었나요?

어디든 투자할 수 있어요.
단, 시간이 흐를수록 가치가 높아질 만한 곳을 선택하세요.

투자의 종류

어디든 투자해 보세요. 위험 부담이 있지만 일반적으로 접할 수 있는 투자 상품들을 소개합니다.

정기 예금

정기 예금은 여러분이 이미 계좌를 만든 적 있는 은행이나 신용협동조합에서 이용 가능합니다. 첫 투자 상품으로 좋은 선택입니다. 위험도가 낮은 편이니까요. 보통 예금에 비해 이자가 약간 높지만 최대 수익률을 얻으려면 최소 몇 주, 몇 달이나 몇 년 이상의 일정 기간을 거치해야 합니다. 돈을 제대로 불릴 만큼의 높은 복리 이자율은 제공하지 못하죠. 하지만 돈을 묶어두기에 딱 좋은 방법이기 때문에 나중에 다른 투자 상품으로 이동하기 전에 써 버릴 일이 없습니다.

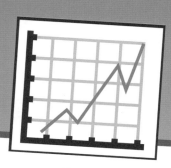

주식

상품이나 서비스를 판매하는 **공개 회사***의 **지분***, 즉 주식을 사면 그 회사의 주주가 됩니다. 가격이 낮은 저가주(위험도 높음)부터 고가 우량주(위험도 낮음)까지 원하는 대로 투자할 수 있습니다.

CMA(Cash Management Account)

CMA에 돈을 예치하면 금융 회사에서 이를 기반으로 운용하여 수익을 내서 1일 단위로 이자를 지급합니다(일반 입출금 통장은 3개월에 한 번씩 지급). 입출금이 자유롭고 이자율이 높지만 종합금융형을 제외하고는 투자 상품에 해당하므로 예금자보호를 받지 못합니다. CMA 통장에서 투자하는 대상은 대부분 신용도가 높은 채권 등의 안전한 자산이므로 원금 **손실***의 위험은 적지만 꼼꼼하게 살펴보고 투자를 해야 합니다.

채권

회사 또는 정부에게 돈을 빌려주고 나중에 이자를 포함해서 돌려받기로 약속합니다. 신용 기관이 얼마나 위험도가 높은지 평가해서 AAA(위험도 낮음)부터 NR(투자 의견 없음 또는 위험도 낮음)까지 등급을 매깁니다.

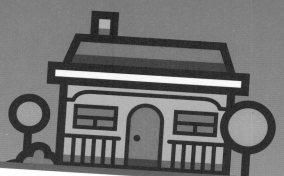

부동산

주택용 부동산(부모님의 집 등)이나 상업용 부동산(쇼핑몰 등)에 직접적으로 투자할 수 있습니다. 또는 여러 **증권 거래소***에서 주식으로 거래되는 부동산 투자 신탁(REITs)을 통해 간접적으로 투자하는 방법도 있습니다.

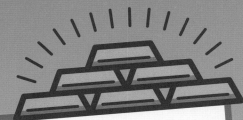

원자재

제품 생산의 원료로서 귀금속(금, 은, 구리 등), 커피콩, 목재, 석유 등이 해당되며 심지어 돼지 삼겹살도 포함되죠! 대개 투자자들은 직접 원자재를 사고파는 게 아니라, 특정 가격에 원자재를 사겠다는 약정을 구매합니다.

회사

회사 소유주에게 돈을 빌려주거나 아예 소유주 중 하나가 되는 방식으로 회사에 직접 투자할 수 있습니다. 위험도가 높지만 그만큼 수익률이 높을 수 있죠.

미술품이나 골동품

진가를 제대로 갖춘 작품이라면 세상 어떤 투자 상품보다도 빠르게 가치가 올라갈 수 있습니다. 반드시 진가를 갖춘 작품이어야 한다는 게 문제죠. 그렇지 못한 작품들이 많거든요.

언제 시작해야 할까?

일단 저축할 돈을 마련한 뒤에 손실을 입더라도 기꺼이 감수할 수 있을 만큼의 액수만 투자하세요. 대학 등록금으로 준비해 둔 돈으로는 절대 모험을 하지 마세요. 천천히 시작하면 됩니다.

자기 자신에게 물어보세요. "자, 내가 마음 편하게 모험에 뛰어들 수 있는 액수는 얼마일까?"(전부? 아닙니다. 일부? 그렇습니다.) 그러고 나면 모은 돈의 '일부'를 돈이 될 만한 투자처에 넣는 것부터 시작하세요. 이게 바로 투자 포트폴리오의 시작이죠. 포트폴리오는 대개 다양한 형태의 투자 상품을 조합해 이루어집니다(128~129쪽을 참고하세요). 현명하게 선택하세요. 그리고 투자한 곳의 가치가 올라가는지 확인하세요. 가치가 점점 올라간다면 잘된 일입니다! 만약 그렇지 못하다면 당황하지 말고 제대로 된 투자였는지 스스로 고민해 보세요. 어쩌면 그저 시간이 좀 더 필요한 상황일 수도 있고요.

투자하는 과정에서 실수를 할 수도 있어요. 특히 처음엔 더욱 그렇죠. 그래도 실망하지 마세요. 아무리 경험이 많은 투자자라도 돈을 잃곤 하니까요. 중요한 것은 잃은 돈보다 번 돈이 많아야 한다는 점입니다. 시간을 들이고 열심히 조사해서 성공적인 투자를 지속할 가능성을 높여야 합니다.

주식 투자의 기본

투자할 곳은 다양하지만 많은 사람들이 주식으로 투자의 첫걸음을 내딛습니다. 사고파는 방법도 이해하기 쉽습니다. 또한 주식이 다른 투자 상품들에 비해 장기적으로 더 좋은 성과를 거둔 게 사실이죠.

공개 회사는 **주식 시장***을 통해 대중에게 회사의 지분, 즉 주식을 팔아서 자금을 모읍니다(비공개 회사*는 일반 대중에게 주식을 팔지 않습니다). 주식을 사면 '주주'가 되어 회사의 일부를 소유하게 됩니다. 회사는 그 돈으로 성장하고 여러분은 회사의 지분을 얻은 거죠. 철도, 우주여행, 자동차, 컴퓨터 소프트웨어 등 주식을 발행하는 공개 회사의 수는 엄청나게 많습니다!

주식은 늘 사는 사람도 있고 파는 사람도 있기 마련입니다. 어떤 사람은 가치가 오를 거라고 예상하며 주식을 사고, 또 어떤 사람은 가치가 떨어질 거라고 예상하며(또는 돈이 필요해서) 주식을 팝니다.

주식의 가격은 두 예상의 대결이라고도 할 수 있죠. 과연 누가 맞을까요? 그걸 누가 알 수 있을까요? 매일 수백만 명의 사람들이 사고파는 수백 주의 주식들로 넓혀서 생각해 보세요. 그게 바로 주식 시장입니다.

주식 사기

가게에서 과자 한 봉지를 사듯 주식을 살 수 없어요. 주식을 사거나 팔 준비가 되었다면 우선 증권 계좌를 만들어야 해요. 방법은 은행(또는 신용협동조합)에서 예금 계좌를 만들 때와 같습니다. 마음에 드는 증권 회사를 결정하고 부모님과 함께 해당 증권 회사를 방문하세요. 준비 서류는 예금 계좌를 만들 때와 동일해요. 본인을 기준으로 발급한 기본증명서, 가족관계증명서, 함께 가는 부모님의 신분증과 도장(서명 가능)이 필요하죠. 증권 회사에서 계좌를 만들 때 CMA 계좌도 함께 만들면 더욱 좋겠죠?

증권 계좌를 만들었다면 여러분의 스마트폰이나 컴퓨터에 주식 매매 프로그램을 설치하고 주식 시장에 접속할 수 있습니다. 단, 주식 거래는 무료가 아닙니다. 대개는 사고팔 때마다 **주식 수수료*** 가 발생하죠. 하지만 이익이 크게 난다면야 수수료를 낼 가치는 있습니다.

증권 회사 선택하기

증권 회사는 많지만 그중에서 여러분에게 적합한 곳을 골라야 합니다. 이때 명심해야 할 세 가지 중요 사항이 있습니다.

(p.134에 계속 →)

황소 vs. 곰

주식 시장의 장기적 성과는 어느 정도일까요? 지난 25여 년 동안 주식 시장이 거둔 연 평균 이익률은 9~10%가량입니다.

주가가 상승하는 강세장은 불 마켓*(bull market), 주가가 하락하는 약세장은 베어 마켓*(bear market)이라고도 부릅니다. 이러한 용어는 황소(bull)와 곰(bear)이 적을 공격하는 각각의 방식에서 유래했다고 합니다. 황소는 상대를 뿔로 밀어 올려서 공격하고, 곰은 발을 아래로 휘둘러서 상대를 강타하거든요.

알아두면 좋은 주식 상식

뉴스를 듣다 보면 무슨 뜻인지 모를 영어 약자들이 귀에 들어오곤 하죠? NYSE, NASDAQ, DOW 등의 단어들 말이에요. 금융 시장에서 자주 쓰이는 표현이니 잘 알아두세요.

주식을 비롯한 다양한 투자 상품들은 증권 거래소에서 사고팔립니다. 어떤 주식이 증권 거래소에서 매매가 가능하다면 이를 증권 거래소에 상장 되었다고 말합니다.

세계적으로 가장 유명하고 규모가 큰 증권 거래소 중 미국의 대표적인 두 곳을 소개합니다.

- **뉴욕 증권 거래소(NYSE, The New York Stock Exchange)**
- **나스닥(NASDAQ, The National Association of Securities Dealers Automated Quotations)**

S&P나 다우 같은 단어들도 들어본 적 있나요? 이들은 미국 **주가 지수**[*]와 관련된 용어입니다. 주가 지수는 다수의 주식 종목들을 가상으로 묶어서 나타내는 수치이며, 전체 주식 시장의 상승 또는 하락 동향을 보여 주는 좋은 지표입니다. 대표적인 주가 지수는 다음과 같습니다.

- **S&P 500**: S&P는 **신용평가기관** 인 스탠다드 앤 푸어스(Standard and Poor's)의 약칭입니다. 매매할 주식을 추천하고 지속적으로 S&P 500을 조사합니다. 이름대로 500개의 주식 종목을 기반으로 삼으며, 주식 시장의 건전성을 가늠하는 척도로서 가장 보편적으로 활용되는 지수입니다.
- **다우(Dow)**: 다우 존스 산업평균지수(Dow Jones Industrial Average)의 약칭입니다. S&P 500과 유사하지만 미국을 대표하는 30여 개의 초우량 기업들로만 구성되어 있다는 점에서 차이가 있습니다. 이 지수에 포함된 주식이라면 업계 선두주자이며 투자자들이 선호하는 기업이 분명합니다.

나스닥이나 다우 같은 단어가 생소하다면 코스피나 코스닥은 들어본 적 있나요? 이들은 국내 주식과 관련된 용어입니다.

- 코스피(KOSPI, Korea Composite Stock Price Index): 증권 시장에 상장된 상장 기업의 주식 변동을 기준 시점과 비교 시점을 비교하여 작성한 지표입니다. 종합 주가 지수라고도 합니다.
- 코스피200지수: 한국 증시를 대표하는 종목 200개를 선정해 종합 주가 지수의 움직임을 반영할 수 있도록 만든 지수입니다. 주가지수 선물 및 옵션의 거래 대상이 되기도 합니다
- 코스닥(KOSDAQ, Korea Securities Dealers Automated Quotation): 우리나라의 장외 증권 시장을 말합니다. 증권 거래소 시장과는 달리 성장 가능성이 높은 벤처 기업이나 중소기업이 중심이 되는 주식 시장을 말합니다.

이 지수들을 확인하면서 전체 주식 시장이 어떻게 돌아가는지 감을 익히세요. 주식 시장의 전반적인 동향을 늘 주시하는 태도는 여러분에게 득이 됩니다.

주식 종목 분석하기

각 주식 종목을 분석하는 방법은 여러 가지입니다. 경험이 많은 투자자라면 **주가 수익률**, 52주 최고가와 최저가, **시가 총액** 등의 세부 정보를 탐색할 겁니다. 하지만 일단 우리는 초보 투자자로서 기본적으로 중요하게 고려해야 할 사항부터 알아봐야겠죠?

- 수익성: 기업이 이윤을 내고 있나요? 아니라면 곧 가능할까요?
- 성장 가능성: 기업이 새로운 시장으로 사업을 확장하고 있나요? 아니면 직원을 늘리고 있나요?
- 경영: 주요 경영진은 기업의 목표에 도달한 경험이 있나요?
- 경쟁 우위: 경쟁사와 비교해 특수하거나 고유한 장점이 있나요?

마지막으로 하나 더, 과거의 성과가 꼭 미래의 성과를 보장하지 않는다는 점을 명심하세요.

> **TIP:** 가상의 돈으로 주식 투자하는 게임이 많이 나와 있습니다. 주식 시장에서 실제로 돈을 잃을 위험을 감수하기 전에 게임으로 먼저 경험해 보는 것도 좋습니다. 초보가 저지르기 쉬운 온갖 실수를 방지하는 데 도움이 될 겁니다.

1. 주식은 예금처럼 보호되지 않습니다. 믿을 만하고 안정된 회사를 선택하세요.

2. 주식 거래는 돈이 듭니다. 그러니 수수료가 낮은 증권 회사를 선택하는 게 좋습니다. 덜 쓸수록 더 모을 수 있으니까요!

3. 단주 매매가 가능한 증권 회사를 선택하세요. 그래야 원하는 수량대로, 1주 이하의 주식 거래까지도 가능합니다. 1주당 수십만 원을 호가하는 주식도 있으니 단주 매매를 할 수 있어야 좋겠죠!

첫 주식 선택하기

그렇다면 첫 주식 종목을 어떻게 골라야 할까요? 개별 종목에 투자할 생각이라면 일단 여러분이 아는 회사부터 시작하는 게 좋습니다. 여러분이 좋아하는 음료는 무엇인가요? 지금 신고 있는 신발은요? 즐겨 먹는 과자는요? 지금껏 언급한 기업들 모두 증권 거래소에 상장되어 있을 가능성이 있습니다.

이제부터는 해당 기업의 종목 코드를 찾아보고 관련 정보를 모으기만 하면 됩니다. (절대 아무런 사전 조사 없이 주식을 사면 안 됩니다.) 지난 몇 달 또는 몇 년 동안 우수한 성과를 거둔 상위 10대 기업들을 찾아보는 방법도 있습니다. 특히 **경기 침체***를 잘 극복해 낸 기업에 주목하세요.

여러분이 찾아야 할 좋은 기업은 앞으로 가치가 올라갈 기업입니다. 지금 멋진 물건을 만들고 있는 기업이 아니라는 말이죠. 좋은 기업과 투자하기 좋은 기업은 같지 않습니다. 초보 투자자인 여러분이라면 미리 조사하는 게 꼭 필요한 이유입니다.

실제로 돈을 어떻게 버나요?

첫 주식을 샀나요? 축하합니다! 이제 시간은 여러분의 편입니다. 주식의 가치가 오르길 기대하며 보유하고 있으면 됩니다. 개별 주식으로 이익을 얻는 비결은 **낮은 가격에 사서 높은 가격에 팔기***입니다. 주식의 가격이 1만 원이고 1년 뒤에 2,000원이 올랐다면 투자 수익률 20%를 올린 셈입니다. 그때 판다면 그렇겠죠. 만약 계속 보유한다면 가치가 더 올라 다음해까지 또 2,000원이 오를 수도 있습니다. 주식을 판다면 보유한 주식의 수에 주당 가격을 곱한 금액에서 수수료를 제외한 나머지 금액이 여러분의 주식 계좌에 입금됩니다.

가치 투자*는 **저평가***된 주식을 찾아서 인기 종목이 될 때까지 기다리는 방식입니다. 꽤 선호하는 투자 방식이죠. 기업의 역량과 위험 요소를 잘 파악해야 하며, 현재의 주가가 적절한지 판단해야 합니다. 튼튼하지만 지루하게 느껴지는 기업은 투자자들의 관심을 끌지 못하는 경우가 많습니다. 가치 투자자는 그걸 알아보고 그 주식을 사서 가치가 오를 때까지 기다립니다.

주식 분할

기업이 주식 **분할***을 승인하는 경우가 종종 있습니다. 주식 분할은 새로운 투자자를 끌어들일 만한 가격을 유지하면서 기존 투자자에게 보상을 주기 위해 실행합니다. 다양한 방식이 가능하지만 주로 1주를 2주로 분할하는 방식을 많이 씁니다. 1주당 가격이 기존의 절반으로 내려가되 2주로 늘어나는 거죠. 이 주식이 다시 기존 가격까지 올라간다면 돈이 두 배로 불어난 셈이 됩니다.

기분 좋은 배당금

몇몇 기업들은 주식 **배당금***을 지급합니다. 배당금이란 기업이 투자자에게 돌려주는 기업 이익금의 일부입니다. 배당금은 보통 3개월에 한 번 지급하죠. 꽤 상당한 액수를 지급하기도 합니다. 주가의 몇 %로 산정하며 예금보다 훨씬 많이 벌 수 있죠. 1주당 지급하기 때문에 보유한 주식의 수가 많을수록 더 많이 받을 수 있습니다. 한 가지 더, 몇몇 금융 전문가들에 따르면 배당금을 지급하는 주식은 장기적으로 봤을 때 더 좋은 성과를 내는 경향이 있다고 합니다. 따라서 배당금을 지급하는 주식의 기업은 한 번 더 눈길을 줄 가치가 있겠죠?

분산 투자하기

'한 바구니에 달걀을 모두 담지 마라'라는 말을 들어본 적 있나요? 한 곳에만 투자하지 말고 **분산 투자***를 하는 게 좋습니다. 분산 투자란 다양한 업종의 여러 주식을 보유한다는 의미입니다. 여기에는 종종 다른 형태의 투자 상품이 섞이기도 하죠.

분산 투자가 왜 중요할까요? 위험 요소를 분산시키기 때문입니다. 단일 주식의 가격은 하루가 다르게 변화합니다. 하지만 주식 전체를 합해서 본다면 보통 그렇게 변동이 심하지 않죠. 혹 변동이 심하다고 해도 그건 전체 주식 시장이 그렇다는 뜻이고요.

펀드 투자하기

분산 투자를 잘하려면 **뮤추얼 펀드***와 **인덱스 펀드***를 이용해 한 번에 여러 종목에 투자하는 방식이 좋습니다.

- **뮤추얼 펀드**: 여러 형태의 투자를 한데 묶은 상품입니다. 주식만 보유하는 상품도 있고 채권, 부동산, 귀금속, 원자재 등이 혼합된 상품도 있습니다.
- **인덱스 펀드**: 한 그룹으로 묶인 주식 종목들의 총 수익을 따릅니다. 예컨대 SPY는 S&P 500을 따르는 인덱스 펀드의 종목 코드입니다.

두 펀드 모두 아주 넓은 범위의 주식을 보유할 수도 있고 반대로 아주 좁은 범위의 주식을 보유할 수도 있습니다. IT 기업에 집중하는 펀드도 있고 사회적 책임 기업에 초점을 맞추는 펀드도 있습니다. 배당금을 주는 주식 종목으로만 구성하는 펀드도 있죠.

펀드를 운용하는 방식 중에는 전문가인 펀드매니저에게 맡기는 방식이 있습니다. '펀드 운용 보수'라는 명목으로 펀드매니저에게 지불하는 수수료가 높은 편입니다. 그러나 이 점만은 기억해 두세요. 최근 5년간 수익률이 좋았던 상품이라고 하더라도 다음 해에 얼마든지 폭락할 수 있다는 걸 말이죠. 가끔은 능력 있다고 믿었던 펀드매니저가 사실 운이 좋았을 뿐이었다는 게 드러나기도 합니다. 운은 언제든 역전될 수 있죠.

그 외 펀드, 특히 주가 지수의 수익률을 따르는 인덱스 펀드의 경우는 컴퓨터 알고리즘을 기반으로 운용됩니다. 알고리즘 운용은 어떤 주식이나 채권을 펀드 상품에 포함할지 자동으로 설계되죠. 전문가가 직접 머리를 써서 관리하는 방식이 아니니 수수료가 낮은 편입니다.

펀드에 가입하기 전에 반드시 **투자 설명서***를 꼼꼼히 읽어 보세요. 어떤 펀드는 수수료가 낮거나 없어서 초보 투자자에게 엄청난 도움이 됩니다(일단 오른다고 가정한다면). 또 어떤 펀드는 수수료가 너무

높아서 수익을 올리더라도 많은 돈을 지불해야만
할 수도 있습니다.

　뮤추얼 펀드와 인덱스 펀드의 장점은 하나의
상품을 사면서도 다양한 종목의 주식을 한꺼번에
보유할 수 있다는 점입니다. 단번에 분산 투자를 하
는 셈이죠.

　이 외에도 ETF(Exchange Traded Fund)가 있습
니다. ETF는 말 그대로 인덱스 펀드를 거래소에 상
장시켜 투자자들이 주식처럼 편리하게 거래할 수
있도록 만든 상품입니다. 증권 회사를 통해 가입하

어릴 때는 돈을 벌 시간이 충분하니 위험을 감수하고
실수해도 괜찮습니다. 하지만 나이가 들수록
스스로를 보호할 필요가 있답니다.

'티커'란 무엇일까요?

티커(ticker)란 주식 종목에 부여되는 특정 코
드입니다. 미국 주식은 라틴 문자로, 한국 주
식은 숫자로, 홍콩 주식은 숫자와 라틴 문자를
혼합한 형태로 사용하고 있습니다.

미국에서는 보통 기업명에서 따온 알파벳으로
종목 코드를 표현하기도 합니다. 예를 들어 아
마존(AMAZON)의 경우, 간단하게 'AMZN'로 검
색하면 주가와 정보를 확인할 수 있습니다. 어
떤 기업들은 이를 영리하게 이용해 기업 홍보
는 물론 투자자들이 더 잘 기억하도록 만들기
도 하죠.

다이내믹 머터리얼(BOOM): 음… 다이너마이트
를 만드는 곳인지 궁금해지네요.

올림픽 스틸(ZEUS): 이 철강 제조업체는 그리
스 신(제우스)에게 경의를 표하고 있네요.

마켓 벡터 농기업 ETF(MOO): 소 축산업이 포함
된 게 분명하군요.

할리 데이비슨(HOG): 이 모터사이클 회사는 잘
알려진 별칭을 이용했습니다.

아시아 타이거 펀드(GRR): 화난 호랑이를 떠올
리게 하는 투자 펀드입니다.

어디서 정보를 얻을까요?

- **주식 관련 웹사이트:** 대형 주식 시장 웹사이트는 뉴스, 분석 보고서, 과거 차트 등 주요 증권 거래소에서 매매되는 거의 모든 주식에 관한 정보를 제공합니다.
- **경제 신문과 뉴스 검색:** 경제 신문을 읽거나 좋아하는 회사의 뉴스를 검색해 보세요. 유튜브에서도 쉽고 재미있게 정보를 얻을 수 있습니다. 경제 관련 블로그를 즐겨찾기 해두고 새 글이 올라올 때마다 꾸준히 읽는 방법도 좋습니다.
- **기업의 분기별 수익 보고서:** 상장 기업은 매 분기 말에 수익과 손실에 관한 보고서를 제출합니다. 투자하기 전에 읽어보세요.
- **증권 회사:** 일단 증권 계좌를 만들고 나면 이 세상의 모든 주식 종목에 관한 수많은 정보에 접근이 가능해질 겁니다.
- **친구나 가족:** 주변에 주식 투자하는 사람들이 있다면 현재 어디에 투자하고 있으며 왜 그렇게 결정했는지 물어보세요.

는 게 아니라 증권 회사를 통해 주식 시장에서 바로 매수, 매도할 수 있다는 편리함이 있습니다. 게다가 개별 주식을 고르느라 수고하지 않아도 되는 펀드의 장점과 시장에서 투자자가 원할 때 일반 주식처럼 매매할 수 있다는 장점을 모두 가지고 있죠. 실시간으로 수익률을 확인할 수도 있답니다.

언제 잡고 언제 접을지 알기

시간은 여러분 편입니다. 주식을 샀는데 혹시 주가가 떨어진다 해도 곧장 팔 필요가 없습니다. 주가가 올라가도 마찬가지고요. 탄탄한 기업이라고 판단되면 계속 보유한 채 상황을 지켜봐도 좋습니다. 주식이란 원래 오르락내리락하는 법이죠. 일단 주식을 팔지 않는다면, 또 기업이 망하지 않는다면 (네, 망할 수도 있어요) 돈을 벌거나 잃는 일은 없습니다. 좋은 주식이라면 장기적으로 보유하는 투자자가 결국 승리할 가능성이 높답니다.

투자 점검 주기 정하기

여러분이 투자한 상품은 늘 주의 깊게 지켜봐야 합니다. 하지만 정도가 지나치면 안 되겠죠. 매시간 주식 시장을 들여다보거나 주가가 조금만 떨어져도 기겁하며 어리석은 결정을 내리는 사람도 있습니다. 투자하기로 계획한 기간에 따라 매일, 매주, 매달 등 점검할 주기를 정하면 됩니다. 50년 동안 가만히 묻어 둘 퇴직 예금 계좌(열다섯 살까지 10억을 벌지 않거나 은퇴하지 않는다고 가정한다면)는 석 달에 한 번씩 점검해도 괜찮습니다.

위험 요소를 피하고 기회를 포착하기 위해 시장의 전반적인 분위기를 파악하고 새로운 소식에 귀 기울이세요. 그러면서 자신이 올바른 일을 하고 미래에 투자하고 있다는 사실을 떠올리며 뿌듯해 하면 됩니다.

양도 소득세

양도 소득세는 주식을 팔아서 얻은 수익에 대해 부과하는 세금입니다. 주식을 샀다가 1년이 채 넘지 않은 시기에 판다면 1년 이상 보유했다가 내는 세금보다 높은 액수의 세금이 부과될 수 있습니다.

양도 소득세는 해외 주식을 거래할 경우에만 해당되니 국내 주식에 투자하면 양도 소득세가 부과되지 않아요. 해외 주식에 투자하는 경우 250만 원이 넘는 이익이 발생하면 20%의 양도 소득세가 부과됩니다. 여기에 양도세의 10%가 지방소득세로 부과되기 때문에 총 22%의 세금을 내야 해요. 단, 배당소득은 이익금 합산에서 제외됩니다. 배당금을 받을 때 이미 15.4%를 세금으로 냈기 때문이에요.

(p.144에 계속 →)

페이스북, '좋아요' 버튼을 눌러볼까?

페이스북(Facebook, Inc.)은 2012년 5월 18일, **기업공개** (IPO, 민간 기업이 주식을 공개하는 것. 공식적으로 주식 시장에 기업의 주식을 등록한다는 뜻)를 했습니다. 페이스북의 기업공개는 IT 업계 최대의 사건이자 인터넷 역사상 최대의 사건이었죠.

페이스북은 거래 첫날 1주당 38달러로 주식을 발행했습니다. 그런데 다음 달에 주가는 1주당 17.55달러까지 떨어졌어요. 결국 2015년 말, 주가는 반등했고 1주당 100달러를 호가했습니다. 만약 여러분이 적절한 시기에 페이스북 주식을 매수했다면, 다들 페이스북을 택하지 않을 때 페이스북의 주식을 샀더라면 어땠을까요?

10억 모으기 목표 달성으로 향하는 길을 순탄히 걸어갈 수 있었겠죠! 지금 바로 스마트폰을 꺼내 현재 페이스북의 주가를 확인해 보세요. 어때요, 여전히 오르는 중인가요?

투자를 향한 모험

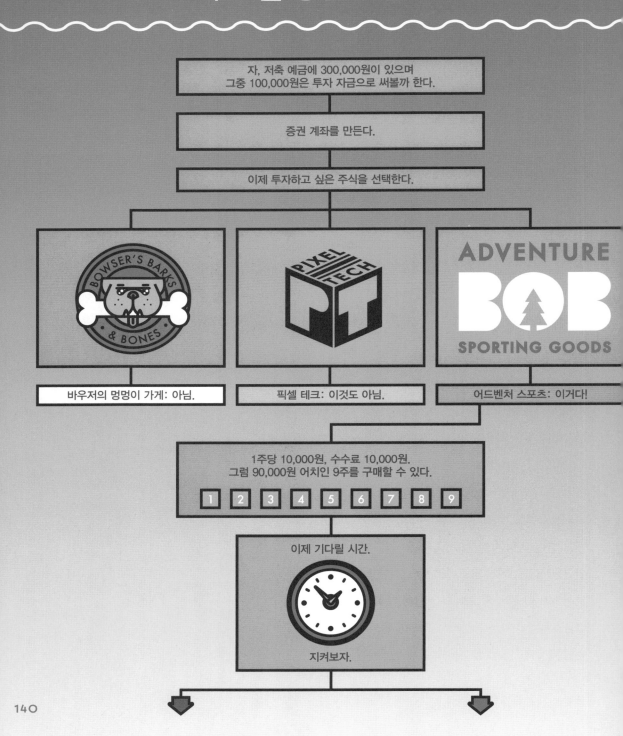

자, 저축 예금에 300,000원이 있으며
그중 100,000원은 투자 자금으로 써볼까 한다.

증권 계좌를 만든다.

이제 투자하고 싶은 주식을 선택한다.

바우저의 멍멍이 가게: 아님.

픽셀 테크: 이것도 아님.

어드벤처 스포츠: 이거다!

1주당 10,000원, 수수료 10,000원.
그럼 90,000원 어치인 9주를 구매할 수 있다.

| 1 | 2 | 3 | 4 | 5 | 6 | 7 | 8 | 9 |

이제 기다릴 시간.

지켜보자.

주식이 오르면? 계속 갖고 있으면서 더 오르길 기대할지, 아니면 바로 팔고 수익을 얻을지 결정한다.

주식이 떨어지면? 상황이 바뀌길 바라며 기다릴지, 아니면 바로 팔아서 손실을 감수할지 결정한다.

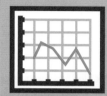 

주식을 잘 고른 덕에 1년 뒤 10%가 올랐다고 가정해 보자! 90,000원의 10%는 9,000원이다. 이제 보유한 주식의 가치는 99,000원이 되었다.

어떤 선택이 가능할까?

팔기
주식을 팔기로 한다. 아, 수수료를 깜빡했다! 영 성가시다. 99,000원에서 10,000원을 빼면 89,000원이다. 100,000원으로 시작했고 주식은 올랐다. 하지만 11,000원을 잃었다.

보유하기
1년 더 갖고 있기로 한다. 회사가 잘된 덕에 주식은 10% 더 올랐다. 이제 보유한 주식의 가치는 108,900원이 되었다. 이제부터가 중요하다. 수수료 10,000원 때문에 여전히 수익을 얻기는 어렵다. 몇 년 더 보유하거나 지금 팔아서 더 수익이 높은 종목을 산다.

회사 사정이 안 좋아서 주식이 20%나 떨어졌다고 가정해 보자. 아, 정말 안타까운 일이다! 이제 보유한 주식의 가치는 72,000원이 되었다. 어떻게 해야 할까?

팔기
주식을 팔기로 한다. 수수료를 내고 나니 결국 62,000원이 남았다. 30% 이상 잃은 셈이다. 하지만 이제부터 노력해서 더 수익이 높은 곳에 투자하면 된다. 행운이 함께하길!

보유하기
일단 기다리면서 예전의 주가를 회복하길 희망한다. 사실 20년 보유하면 된다. 주식은 오르락내리락하겠지만 결국 시간이 지나면 주가는 회복되고 어느 정도 오르기도 할 것이다.

금융 전문가가 말하는 투자의 법칙 네 가지

증권 계좌를 만들었나요? 첫 주식을 샀다고요? 드디어 투자자가 되었군요! 그렇다면 다음 네 가지를 꼭 기억하세요!

Q1. 투자할 만한 좋은 회사는 어떻게 찾을 수 있나요?

A. 투자할 만한 좋은 회사를 알아보는 방법은 간단합니다. 고객들이 얼마나 그 회사의 제품을 좋아하느냐에 달려 있겠죠? 어떤 제품이 좋은지는 여러분이 가장 잘 알 수 있습니다. 직접 사용해 보거나 제품을 써 본 친구들의 이야기를 들으면 되거든요. 여러분이 가장 좋아하는 제품을 만드는 회사가 바로 최고의 회사일 가능성이 높습니다.

두 번째는 '저렴한 회사'입니다. 저렴하다는 것은 단순히 주식의 가격이 싸다는 것은 아니에요. 회사가 벌고 있는 수익에 대비해 주식의 가격이 얼마나 싼지 살펴봐야 합니다. 이때는 주식 당 얼마의 수익을 내고 있는지(주당 수익)를 살펴보면 좋습니다.

세 번째는 '성장성'이에요. 매년 주당 수익이 늘어나는 회사에 주목하세요.

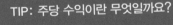

TIP: 주당 수익이란 무엇일까요?

주당 수익이란 EPS(Earnings per share)라고도 합니다. 예를 들어, 1만 원짜리 주식이 주당 1,000원을 벌고 있고, 10만 원짜리 주식이 주당 20,000원을 벌고 있다고 해 볼게요. 어떤 주식이 더 쌀까요? 똑같이 10만 원을 투자한다면 첫 번째 주식은 10개를 살 수 있고 총 10,000원의 수익을 내는 주식들에 투자한다는 의미입니다. 두 번째 주식은 주식 한 개를 살 수 있고 총 20,000원의 수익을 내죠. 수익을 비교해 보면 두 번째 회사의 주식이 더 저렴하다고 이야기할 수 있겠네요? 같은 돈이어도 수익이 두 배니까요!

Q2. 투자 포트폴리오는 어떻게 구성하면 좋을까요?

A. 포트폴리오를 구성하는 목적은 단 하나입니다. 돈을 아주 많이 버는 것이 아니라 여러 가지 투자 방법에 대해 차근차근 배우고 그 과정에서 돈도 벌고 금융에 대한 관심도 더 키우는 것이죠. 그러니 되도록 다양한 회사에 투자하세요. 천 리 길도 한 걸음부터라고 하죠? 많은 사람들이 시작하자 마자 너무 욕심을 부리다가 큰 손실을 입고 아주 빠르게 투자를 포기해 버립니다. 오랫동안 투자를 포기하지 않고 꾸준히 하는 것이 중요해요. 특히 한두 종목은 100% 이상 수익을 올릴 때까지 기다려 주세요. 어차피 투자는 평생 해야 하니까 조급하게 생각할 필요가 없답니다.

Q3. 투자 노트를 써야 할까요?

A. 투자의 대가들은 수십 년간 매일 투자 노트를 썼습니다. 주식으로 얼마를 벌었는지 자주 계산해 보면 좋습니다. 어떤 날은 손실이 나고 어떤 날은 수익이 날 거예요. 매일 수익과 기분, 새로운 뉴스를 기록하세요. 처음 투자를 해 보면 매일 매일 마음이 바뀌기도 한답니다. 새로운 정보를 찾고 투자에 실패했을 때도 꾸준히 기록하다보면 점차 시장과 여러분의 투자 성향에 대해 더 잘 알게 될 거예요. 직접 체험하고 기록하면 모두 여러분의 실력이 됩니다.

Q4. 투자를 잘 하려면 어떤 마음가짐이 필요할까요?

A. 장기적인 안목으로 꾸준히 투자하세요. 투자는 오늘의 내가, 내일의 나에게 선물을 보내는 것입니다. 내일, 혹은 1년 후 더 부자가 되어 더 행복하고 보람차게 하루를 시작할 수 있도록 말이죠. 통장에 10만 원이 있는 사람은 그 돈으로 무엇을 할지 고민합니다. 만약 돈이 없다면 아무런 고민도 하지 않겠죠? 당장 대단한 투자를 하지 않아도 좋아요. 10만 원이라도 주식에 투자하고 오랜 시간 지켜보겠다는 마음가짐을 가지세요. 돈을 가지고 고민할수록 세상을 보는 눈이 달라집니다.

국내 주식의 경우에는 양도 소득세는 내지 않지만 매도할 때 '거래세'를 냅니다. 그러니 거래를 자주 하면 그만큼 세금을 많이 내겠죠?

주식을 팔기 전에 세금이 얼마나 나올지 미리 파악하세요. 세금 계산이 어렵다면 증권 회사나 세무사에게 문의해도 좋습니다. 매년 버는 수입이 많지 않다면 큰 영향은 없을 수도 있습니다.

투자의 원칙 기억하기

투자 방법이야 이 책에서 다룬 것보다 많습니다. 훨씬 더 많죠! 그래도 이 책이 투자의 첫걸음을 떼는 여러분에게 영감을 주었길 바랍니다. 투자는 10억 모으기 목표 달성을 돕는 최고의 방법 중 하나니까요.

여기서 꼭 명심해야 할 점이 있습니다. 돈도 투자도 결국 여러분 자신의 것이며 그에 따르는 책임도 여러분에게 있다는 점입니다. 시간을 들여서 조사하기, 감당할 수 없는 수준은 넘보지 않기, 합리적인 결정 내리기. 이는 투자를 성공적으로 이끄는 데 매우 중요한 원칙입니다. 그리고 가장 좋은 사실은 여러분이 아직 어리기 때문에 어떤 실수를 하더라도 만회할 시간이 충분하다는 점입니다. 그러니 투자하세요. 시간은 여러분의 편입니다!

한눈에 보기

1. 모든 투자에는 **위험**이 따릅니다.

2. **열심히 연구**하고 조사하세요.

3. "반드시 **감당할 수 있는 만큼의 돈만** 투자하세요!"

4. 위험 요소를 흩뜨릴 수 있도록 **분산 투자**하세요.

제10장

부자가 되지 않는 방법

$1,000,000

HOW NOT TO
BECOME A
MILLIONAIRE

지 **금쯤이면** 여러분은 이렇게 생각할지도 모르겠습니다. "정말 훌륭한 책이네! 부자가 되는 방법이 잔뜩 실려 있잖아! 이제 이 책에서 알려 주는 대로 따르기만 하면 돼. 그럼 돈이 엄청나게 많아지겠지? 우리 집 앵무새가 사는 새장 바닥은 종이돈으로 푹신하게 깔아 주면 되겠네. 잘못될 일이 뭐가 있겠어?"

음, 잘못될 일이야 많죠. 여러분이 원하는 경제적 목표를 달성할 수 있는 방법은 많습니다. 반대로

한 푼도 못 모을 방법은 더 많고요.

가진 돈을 다 날리고 10억 부자들의 모임에는 근처도 가지 못할 수도 있는 가장 손쉬운 방법을 알려 드립니다.

1. 쓰는 돈보다 덜 번다: 너무 뻔한 이야기 같겠지만 이것이야말로 사람들이 부를 쌓지 못하는 가장 큰 이유입니다. 돈을 많이 버는 사람이어도 말이죠. 한 달에 5,000만 원을 버는 의사라도 쓰는

돈이 6,000만 원에 달한다면 어떨까요? 한 달에 200만 원을 벌어서 그중 3분의 1을 은행에 저축하는 사람보다도 쪼들리게 될 겁니다.

○━ **해결책:** 예산을 세우세요(기억이 잘 안 난다면 3장을 다시 읽어 보세요). 얼마를 벌든 상관없어요. 지출 내역을 제대로 관리하지 않으면 결국 가진 돈을 탕진할지도 모릅니다.

2. 빚이 조금씩 늘어난다:
갑자기 돈 쓸 일이 생겼거나 이따금 비싼 물건을 구매할 때 신용카드는 매우 유용합니다. 하지만 신용카드는 자칫 돈을 낭비하게 하는 원인이 되기도 합니다. 신용카드에 의존하다 보면 청구액을 다 갚지 못해서 매달 비싼 이자를 내는 경우가 생길 수도 있습니다. 또 돈을 벌어도 여러분 주머니에 들어가지도 못한 채 은행으로 직행하는 일도 벌어지죠.

○━ **해결책:** 물건을 구매할 때는 되도록 현금이나 직불카드를 쓰세요. 현금이 부족하다면 충분히 모을 때까지 저축하세요.

3. 계획이 없다:
경제적 계획 없이 사는 사람들은 본인의 재정 상태가 어떤지 모릅니다. 또 계획을 세우지 않으면 장기적인 목표도 망각하고 힘들게 번 돈을 낭비하기 쉽죠.

○━ **해결책:** 경제적 목표를 이루기 위한 계획은 단기 목표, 중기 목표, 장기 목표로 나누어 각각 세우세요. 계획을 자주 점검하면서 현재의 목표에 부합하는지 확인하세요.

4. 도박을 한다:
대다수에게 도박이란 패배를 의미합니다. 그렇지 않다면 카지노들은 전부 망하고 정부는 복권을 팔아서 돈을 벌지 못했겠죠. 이 문구를 명심하세요. "결국 언제나 돈 버는 쪽은 도박장이다."

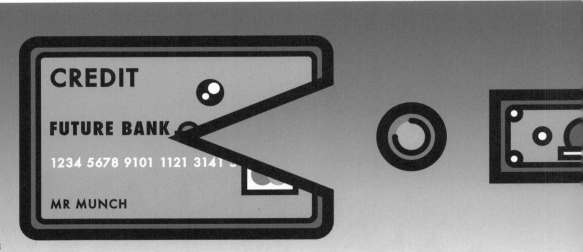

о━ 해결책: 하지 마세요. 도박으로 돈을 따서 부자가 된 사람은 찾기 힘들 겁니다. 또 복권에 당첨되거나 잭팟을 터뜨린 대다수의 사람들은 결국 그 돈을 탕진하고 맙니다. 큰돈을 손쉽게 버는 지름길이란 없는 법이죠.

5. 사기꾼에게 속는다:
사기꾼들은 어떻게든 여러분에게서 돈을 뜯어내려고 온갖 방법을 궁리해냅니다.

о━ 해결책: 사기꾼의 정체를 빨리 알아차리고 피해야 합니다. 여러분의 돈을 빼돌리려는 사기꾼들은 흔히 이런 수법을 씁니다.

• **피라미드 사기**＊(다단계 사기): 사람들에게 입회비를 받아서 돈을 버는 구조입니다. 일찍 가입한 사람은 돈을 벌지만 그렇지 못한 사람은 돈을 적게 벌거나 아예 못 벌죠.

• **폰지 사기**＊: 피라미드 사기와 비슷한 폰지 사기는 어떤 사업에 투자하도록 만들고 정작 수익은 다른 사람이 투자한 돈으로 지불하는 방식입니다. 사업 아이디어로 버는 돈이 아니죠. 실제로 사기꾼만 돈을 버는 구조입니다.

• **피싱 사기**: 예금 계좌 정보, 신용카드 번호를 요청하거나 수수료를 지불하라고 안내하는 이메일이나 전화를 받아 본 적 있나요? 그건 여러분의 돈을 빼내려는 사기꾼일 겁니다. 실제로 어느 사업장이든 개인 정보를 이메일이나 전화로 요청하는 경우는 없습니다.

• **신원 도용**: 누군가 여러분의 개인 정보를 훔쳐서 여러분인 척 위장하고 마음대로 돈을 빼내는 방식입니다. 어떻게 그럴 수 있을까요? 사기꾼들은 생일, 비밀번호, 주민등록번호와 같은 결정적인 정보 몇 가지만으로도 여러분의 계좌에 접근할 수 있답니다. 개인 정보가 든 우편물은 꼭 찢어서 버리고

신용카드 빚이 늘수록 10억 모으기의 꿈은 멀어져요.

우편함에 우편물을 오래 방치하지 마세요. 모든 개인 정보를 잘 보호하세요.

- 장학금 사기: 장학금을 신청하려면 미리 돈을 내야 한다고 요구하거나 여러분에게 '숨은' 장학금이 있다는 식으로 접근합니다. 또는 신용카드 번호를 알아내려고 하죠. 장학금 정보는 누구에게나 무료로 열려 있습니다. 장학금을 지급하는 곳에서 돈을 내라고 하는 경우는 결코 없습니다.

똑똑한 사람들에게 나쁜 일이 벌어질 때

여러분의 힘으로 어찌할 수 없는 일들에 대해 어떻게 생각하나요? 경제적 불운은 누구보다 준비가 잘 된 사람들에게도 닥칠 수 있습니다. 건강 보험으로 보장되지 않는 병에 걸릴 수도 있어요. 인생이란 꽤 가혹하기도 합니다.

여러분에게 이런 일이 생긴다면 어떻게 하겠어요? 언제든 나쁜 일이 벌어질 수도 있음을 미리 생각하고 준비하세요. 그래서 전문가들은 별도의 '비상금'을 마련하라고 권합니다(최소 3~6개월 치 월수입에 달하는 금액으로 준비하기).

보험 역시 경제적으로 여러분을 보호할 수 있는 방법입니다. 특히 자동차 보험, 의료 보험, 생명 보험은 꼭 필요하죠. 사업을 운영하고 있다면 일반 책임 보험이 여러분을 보호해 줄 겁니다.

넘어지더라도 포기하지 않기

부자가 되려면 가진 돈을 잃지 말아야겠죠. 하지만 상황이 나쁘게 돌아가고 수중에 남은 돈이 거의 없어지더라도 다 끝났다고 생각해서는 안 됩니다. 경제적 불운을 겪고도 다시 우뚝 일어선 유명 인사들의 이야기를 들려 드릴게요.

월트 디즈니는 첫 영화사를 차린 후 악덕 배급사를 만나 돈을 제대로 받지 못하는 바람에 회사 문을 닫아야만 했습니다. 5년여 동안 통조림 콩을 먹으면서 근근이 버티다가 가진 돈을 탈탈 털어 캘리포니아 행 편도 버스표를 구입했습니다. 그곳에

인생은 오소리를 닮았다고 했잖아요. 언제 오소리가 말썽을 일으킬지 모르니 조심하세요.

150

서 여러분도 아는 만화 캐릭터를 창조해냈죠. 이후 그는 상황이 점점 더 좋아졌습니다.

J. K. 롤링은 베스트셀러 작가가 되기 전에 형편이 그리 넉넉하지 못했습니다. 그러다 《해리 포터》 시리즈가 역사상 가장 많은 돈을 벌어들인 책이 되면서 그녀는 엄청난 부자가 되었죠. 현재 롤링은 영국에서 가장 돈이 많은 여성으로 손꼽히고 있습니다.

두 사람 모두 암울했던 시절이 있었습니다. 하지만 계속 최선을 다해 자기 일을 했고 결국 운명을 뒤집을 수 있었죠. 혹시 경제적 불운이 닥쳐오더라도 몸을 일으켜 세우고 다시 경기에 임하세요. 돈뭉치가 스스로 여러분의 주머니 속으로 걸어 들어오는 일은 없을 테니까요.

한눈에 보기

1. 버는 돈보다 **쓰는 돈이 많으면 안 됩니다.**

2. **빚을 늘리지 마세요.**

3. 잊지 말고 **목표 달성을 위한 계획을** 세우세요.

4. **도박은 안 됩니다.**

5. 사기꾼을 **조심하세요.**

지금 바로
시작하자!

$1,000,000

GET GOING!

이제 할 말은 다 했군요. 이 책을 발판 삼아 돈을 많이 벌 수 있는 아이디어를 생각해 내길 바랍니다. 그리고 무엇보다도 저축과 투자는 일찍 시작할수록 좋다는 사실을 기억하세요.

앞서 이야기한 부자의 사고방식을 떠올려 보세요. 그러면 1,000원짜리 지폐 100만 장을 일일이 모을 필요가 없죠. 그저 10억으로 불릴 종잣돈을 준비하는 정도면 충분합니다. 그게 얼마냐고요? 여러분이 얼마나 일찍 저축을 시작하느냐, 얼마나 저

축하느냐, 평생 투자로 버는 수익이 얼마나 되느냐, 얼마나 원칙을 잘 지키느냐에 달려 있습니다.

우리는 10년이 되지 않아 이 목표를 이뤄 낸 사람들을 알고 있습니다. 아직 진행 중인 사람들도 알고 있고요. 어느 쪽이든 '시간은 돈'이라는 점은 마찬가지입니다. 대개 저축과 투자는 오래 키울수록 더 크게 불어납니다.

투자한 곳은 꾸준히 동향을 살피되 지나치게 집착하지는 마세요. 이따금씩 계획과 목표, 예산,

부자들은 어디에서 일하며 돈을 벌까?

기업가이자 저술가, 인력 개발 전문가인 브라이언 트레이시에 따르면 자수성가한 부자들의 99%가 다음 네 가지 그룹에 해당한다고 합니다.

- 74%: 사업가
- 10%: 사내 고위 임원직
- 10%: 의사, 변호사, 회계사 등 보수가 높은 전문직
- 5%: 수완이 뛰어난 영업직

투자 현황을 점검하고 조정해서 매년 조금이라도 더 높은 수익을 얻을 수 있도록 노력하세요.

천천히 조금씩 돈을 보태면서 모으다 보면 머지않아 총 저축액이 100,000,000원이 되고, 250,000,000원, 500,000,000원, 800,000,000원, 999,999,990원까지 계속 올라가는 숫자를 확인할 수 있을 겁니다. 잊지 말고 1,000,000,000원을 달성하는 순간을 기쁘게 축하하도록 해요!

너무 늦은 때란 없어요

누구나 다 일찍부터 저축을 시작하지는 못하겠죠. 그래도 10억을 벌 방법은 많습니다.

여러분이 30세까지 저축을 하지 못한다고 가정해 볼게요. 그렇다면 30세부터 매달 25만 원씩 15년 동안 저축하세요. 이때 7%의 이자율을 적용한다면 45세에 약 80,664,160원을 모을 수 있습니다. 또 이후부터는 매달 약 30만 원으로 저축액을 올려서 75세까지 모은다면 10억에 도달할 수 있을 겁니다. 하지만 목표를 달성하려면 투자 수익률을 7%보다는 조금 더 개선해야 합니다. 훨씬 더 적극적으로 투자에 뛰어들어야 하죠. 그렇다면 이 이야기의 교훈은 무엇일까요?

 지금 바로 시작하세요!

전문가와 상담하기

경제적 목표를 달성하기 위한 방법은 아주 많습니다. 소득과 저축, 투자 간의 적절한 균형점을 찾기 위해 노력해야 합니다. 그렇다고 해서 혼자서 다 해야 한다는 의미는 아닙니다. 많은 사람들이 경제 전문가나 회계사의 도움을 받아 재산을 관리합니다. 또 많은 학교에서 아이들에게 경제 관념을 길러 주기 위한 수업을 진행하고 있고 학생들은 투자 동아리에 가입해 활동하기도 합니다. 무료로 도움을 제공하는 개인이나 회사도 많습니다. 또 온라인에 올라오는 정보도 확인해 보세요. 양이 놀라울 정도랍니다.

그래도 역시 가장 좋은 조언은 가족에게 얻을 수 있겠죠? (물론 최악일 수도 있으니 주의하길!) 우리는 돈에 관해 가족끼리 이야기를 많이 나누는 게 좋다고 생각합니다. 가정의 재무 상태를 모든 가족 구성원과 공유할 수 있기 때문이죠. 또 여러분이 복리로 저축하는 법, 2년에 4회씩 분할되는 주식 종목에 투자하는 법 등의 팁을 가족들에게 알려 줄 수도 있겠죠?

배움을 멈추지 말자

돈과 금융의 세계는 알면 알수록 온갖 멋진 것들이 무궁무진합니다. 새로운 것을 배우면 배울수록 경제적으로 성공할 가능성은 더 높아지죠. 계획과 목표, 집중력, 인내, 시간, 회복력, 끈기, 순발력을 갖춘다면, 그리고 약간의 운이 함께한다면 여러분은 최소 10억은 거뜬히 벌 수 있을 겁니다. 자신을 과소평가하지 마세요.

전문가에게 도움을 청할 타이밍을 아는 것도 똑똑하게 돈을 버는 비법입니다.

과욕을 부리자는 이야기가 아닙니다

자, 현실은 잠시 접어 두고 여러분이 지금 노년의 어른이라고 상상해 보세요. 과연 어떤 삶을 살아가고 있을까요? 은퇴. 아, 풍요로운 생활을 누리겠네요. 골프와 여행을 즐기고 아가일 무늬 양말과 의치 접착 크림, 무한정 누리는 낮잠 시간까지. 그러나 안타깝게도 상당한 수의 어른들이 '은퇴 생활'을 일하면서 보내고 있습니다. 그들 중 36%는(미국 기준) 은퇴 생활을 위해 저축한 돈이 전혀 없습니다. 또한 그와 비슷한 수의 사람들이 **사회보장제도***에 완전히 의존하며 살고 있습니다(사회보장제도는 근로자들이 의무적으로 납부하는 돈으로 운영되는 정부 기금이며 은퇴할 나이가 된 사람들을 대상으로 지급됩니다). 사회 보장 제도만으로 먹고사는 생활이 가능하든 그렇지 못하든 간에 확실히 인생의 황금기를 최고로 즐겁게 보내는 방법은 아니겠죠!

　미국 50세 성인의 평균 저축액은 43,797달러(약 4,750만 원)에 불과합니다. 사람의 수명은 더 길어질 테고(은퇴하고 수명을 다할 때까지의 기간이 30년 이상은 될 겁니다) 인공 관절도 필요할 텐데 더 많은 돈이 필요하지 않을까요? 골프공 살 돈도 없다면 곤란하겠죠. 지금부터 부자의 사고방식을 갖추고 돈을 모으세요.

마침내 부자가 되었다고요? 훌륭합니다. 이제부터 쉿!

명품 구두를 신고 값비싼 차를 운전하며 돈뭉치를 흔들고 다니고 도박장에서 물 쓰듯 판돈을 걸어서 사람들을 깜짝 놀라게 만들고……. 이게 다 여러분을 멍청하게 보이게 하는 일입니다. 또 도둑을 불러들이는 일이기도 하죠. 수많은 부자들이 재산을 도둑맞은 적이 있다고 합니다. 스스로 그런 위험을 불러들일 이유는 없겠죠? 정말 부자라면 신중히 자세를 낮추고 그저 조용히 멋지면 될 일입니다.

더 빨리 시작하고 더 열심히 노력할수록
보상의 순간은 더 빨리 찾아옵니다.

모으고 쓰고 나누자.
부를 널리 퍼뜨리는 부자들

수많은 부자들이 자선단체나 평소에 본인이 관심을 갖고 있는 사회단체에 돈을 기부합니다. 다른 사람들을 돕기 위해 돈을 낼 때의 기분은 세상 그 무엇과 비할 수 없을 정도예요. 그럼 부자이자 자선가로 유명한 사람들을 만나 봅시다.

빌 게이츠

자선단체에 기부하는 백만장자(그래요, 억만장자라고 하죠)하면 제일 먼저 떠오르는 사람입니다. 마이크로소프트(Microsoft Corporation)의 창립자 빌 게이츠는 지구상에서 가장 부유한 사람으로 손꼽히죠. 빌과 그의 아내 멜린다는 빌앤멜린다게이츠 재단(Bill&Melinda Gates Foundation)을 설립했습니다. 그곳의 기금은 약 335억 달러에 달하며 세계 보건 문제를 다룹니다. 또한 빌 게이츠는 부자들을 찾아다니며 그들의 재산 대부분을 뜻깊은 일을 위해 기부하겠다고 약속하는 기부 서약 운동을 펼치기도 했습니다.

마크 저커버그

페이스북의 CEO 마크 저커버그는 23세의 나이에 세계 최연소 억만장자가 되었습니다. 그리고 그때부터 이미 자선단체에 많은 돈을 기부하기 시작했죠. 뉴저지의 공립학교 시스템을 고치는 데 1억 달러, 베이 에어리어 지역의 학교를 위해 1억 2,000만 달러를 기부했습니다. 저커버그가 10억 달러 이상의 가치를 갖는 페이스북 주식을 실리콘 밸리 커뮤니티 재단(Silicon Valley Community Foundation)에 기부하면서 실현된 일이었죠.

오프라 윈프리

오프라는 수많은 자선단체를 비롯한 다양한 조직에 수백만 달러를 기부했습니다. 그리고 자기 돈의 대부분은 본인이 세운 재단 세 곳에 보냅니다. 또한 오프라는 남아프리카(그곳이 시작이었죠)의 소녀들을 위한 리더십 아카데미를 지원했으며, 걸프 만 일대를 복원하기 위해 노력했습니다. 한번은 본인이 진행하는 토크쇼의 방청객 전원에게 1,000달러씩 주면서 각자 선택한 자선단체에 기부하도록 한 적이 있습니다. 이 정도면 인류애의 실천이죠!

10억 만들기!

가난하지만 행복할 수도 있고 부유하지만 불행할 수도 있어요. 하지만 경제적 독립을 이룬 사람은 빚에 시달리거나 매달 날아오는 청구서를 붙들고 씨름하는 사람보다 걱정거리가 훨씬 적을 거예요.

이 책은 편안한 삶을 살아갈 만큼 충분한 돈을 모으는 것에 관한 이야기를 담고 있습니다. 그런데 그뿐만이 아니에요. 우리는 여러분이 돈 모으는 법을 배우는 동시에 돈 모으는 과정의 즐거움을 느끼길 바랍니다. 또 그 과정에서 얻은 지식을 다른 사람들과도 나누길 바라요. 경제적 독립을 이룬다면

지역사회를 후원하고, 가난으로 힘들어하는 이웃을 도우며, 더 많은 아이들을 경제적 안정으로 이끄는 일을 더 잘할 수 있을 거예요. 어쩌면 여러분이 성공해서 어떻게 돈을 벌고 저축하고 투자해서 10억을 모을 수 있었는지 책으로 써서 출판할 수도 있고요! 생각해 보세요. 이게 다 '10만 원 모으기'라는 목표부터 차근히 출발한 결과랍니다.

우리는 여러분이 앞으로 어떤 미래를 살아가든 경제적 성공과 행복을 누리길 바랍니다. 지금 밖으로 나가서 여러분이 할 수 있는 최선을 다하세요. 여러분이 10만 원으로 10억 원을 만드는 동안 우리는 이곳에서 여러분을 응원하겠습니다.

행운을 빌어요!

한눈에 보기

할 말이야 더 많지만 여러분을 위해 **책 한 권 분량**으로 짧게 담았습니다. 지금까지 잘 따라오셨나요? 여러분의 10억 모으기 여정은 이미 시작되었습니다.

'10억으로 가는 길' 체크리스트

지금 당장 10억 모으기 목표를 달성하기 위한 첫걸음을 내딛으세요. 아무리 사소한 일이라도 차근차근 시작하세요. 일단 아래의 체크리스트를 작성하고 다음 장의 여정으로 출발하세요.

☐ 부자의 사고방식 갖추기

☐ 은행 또는 신용협동조합에서 예금 계좌 만들기

☐ 경제적 목표를 정하고 예산 세우기. 그리고 잘 지키기

☐ 일자리를 구하거나 사업을 시작해서 돈 버는 능력 키우기

☐ 10만 원을 모은 후 저축 습관 들이기

☐ 수십만 원을 모았다면? 예금 계좌에서 투자 상품으로 돈을 옮겨서 수익률을 최대한 높이기

☐ 비상금(최소 3~6개월 월수입에 달하는 금액) 따로 마련하기

☐ 시간과 복리 이자의 힘으로 계속해서 돈 불리기

☐ 번 돈을 다 날리는 온갖 어리석은 행동들 멀리하기

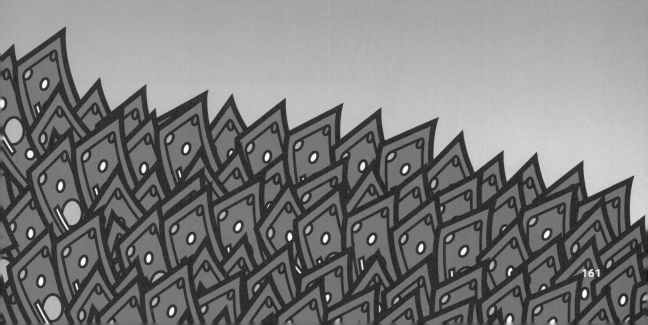

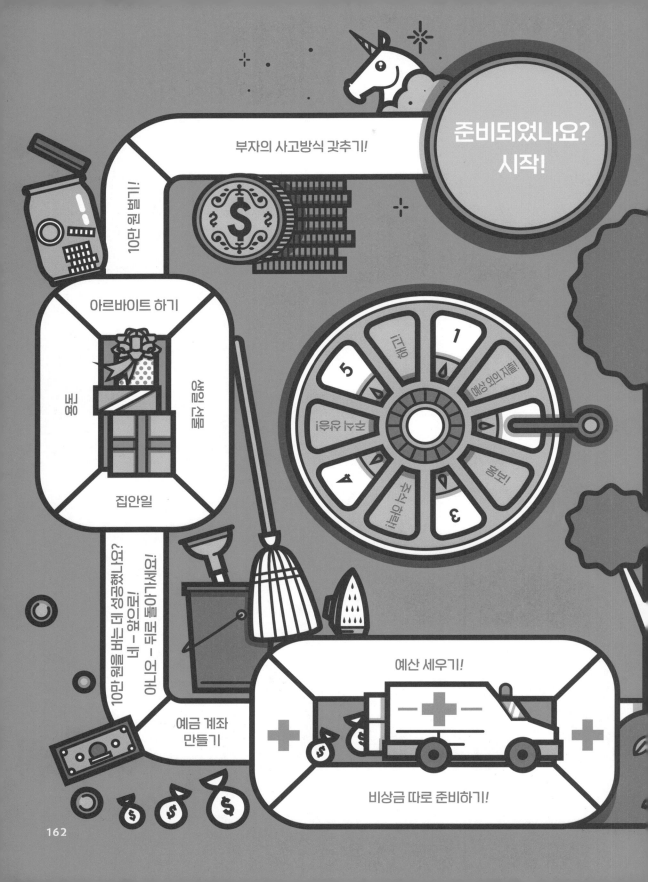

부록

- ▸슈퍼 리치 플랜◂
- ▸리틀 CEO 플랜◂
- ▸예산 점검표◂
- ▸용어 사전◂

슈퍼 리치 플랜

이름: _____

나이: _____

목표: <u>1,000,000,000원</u>_____

_____

나의 다짐

현재 나이에 부자가 되기까지 걸릴 햇수를 더하면 몇 살에 부자가 될지 계산할 수 있겠죠?
거울을 보면서 이 문장을 여러 번 읽어 보세요.

"나 _____은(는) ____살에 부자가 될 것이다."

(현실적으로 생각하세요. 시간 여유를 충분히 갖고 계획을 다듬으면서 진행하세요.)

경제적 목표

단기 목표, 중기 목표, 장기 목표를 적어 보세요.
(장기 목표는 10억 또는 그 이상이어야겠죠?)

단기 목표(1년 이하) _____ 원

중기 목표(1~10년) _____ 원

장기 목표(10년 이상) _____ 원

수입

목표를 달성하기 위해 돈을 벌 수 있는 모든 방법을 적어 보세요.

용돈: _____

취직: _____

아르바이트: _____

사업: _____

투자 수익: _____

선물/상속: _____

예산 관리

경제적 목표에 도움이 되도록 예산을 세우세요.
(계좌를 만드는 것도 잊지 마세요!)

월 수입: _____ 원

월 지출: _____ 원

저축: _____ 원

교통비: _____ 원

통신비: _____ 원

학용품: _____ 원

간식: _____ 원

옷: _____ 원

취미: _____ 원

기타: _____ 원

총: _____

총 지출이 총 수입보다 많다면 예산이 실패한 셈입니다.
예산 수정이 필요해요!

점검 및 수정

목표 달성의 진행 상황을 점검하세요. 매년, 매월, 매주 단위로 시기를 정하세요. 혹시 수정이 필요한 부분이 있나요?

_____

_____

누구의 도움을 받을 수 있을까요?
여러분의 멘토 또는 감독관은?

_____

_____

얼마나 자주 점검할
예정인가요?

리틀 CEO 플랜

사업 이름

_____

대단한 아이디어

_____

_____

열정적으로 마케팅하기

제품: 무엇을 판매하며 누가 구매할까? _____

가격: 제품 또는 서비스의 가격을 얼마로 정할까? _____

공간: 사람들이 어디서 제품 또는 서비스를 구매할 수 있도록 할까? _____

홍보: 어떻게 소문을 낼까? _____

_____

이윤 남기기

한 달 동안 이윤을 얼마나 남길 수 있을지 계산해 보세요.

총 수입: _____

총 지출: _____

이윤(수입 – 지출): _____

이윤이 남았나요? 훌륭해요! 출발이 좋군요. 만약 이윤이 남지 않았다면? 다시 처음으로 돌아가 점검하세요. 수입을 늘릴지, 아니면 지출을 줄일지 살펴보세요. 그 다음은? 가족이나 친구, 예비 투자자에게 여러분의 계획안을 돌리세요!

여러분의 사업을 대표하는 로고를 그려 보세요!

예산 점검표

다음과 같이 예산 점검표를 만들어 매일 수입과 지출 내역을 기록하세요. 용돈기입장을 사서 써도 좋지만 간단하게 직접 만들어서 다섯 장씩 인쇄하면 한 달 예산 점검표로 쓸 수 있어요.

월요일

수입 항목	금액

총 :

지출 항목	금액

총 :

총합(총 수입-총 지출) :

화요일

수입 항목	금액

총 :

지출 항목	금액

총 :

총합(총 수입-총 지출) :

수요일

수입 항목	금액

총 :

지출 항목	금액

총 :

총합(총 수입-총 지출) :

목요일

수입 항목	금액

총 :

지출 항목	금액

총 :

총합(총 수입-총 지출) :

금요일

수입 항목	금액

총 :

지출 항목	금액

총 :

총합(총 수입-총 지출) :

토요일

수입 항목	금액

총 :

지출 항목	금액

총 :

총합(총 수입-총 지출) :

일요일

수입 항목	금액

총 :

지출 항목	금액

총 :

총합(총 수입-총 지출) :

용어 사전

ㄱ

가치 투자: 현재 가격에 비해 훨씬 가치가 있다고 판단되는 주식에 투자하는 것을 말한다.

개인 퇴직연금(IRP): 비과세 은퇴 자금 계좌. 주식이나 채권, 예금 증서와 같은 투자를 포함한다. 특정 나이가 될 때까지 인출할 수 없다.

거물: 사회적으로 큰 영향을 미치는 인물을 지칭하는 말. 영어로 '모굴(mogul)'이라고 한다. 모굴이란 '단단한 눈 더미'라는 뜻도 있지만 한 업계에서 강력한 영향력을 가진 인물을 가리키는 단어로 많이 쓰인다.

경기 침체: 한 기업 혹은 경제 전체가 나빠지거나 위축되는 현상을 말한다.

경력: 장기간이나 평생 지속되는 직업 또는 직장 생활.

경제적 자유: 적극적으로 일하지 않더라도 편안히 살 수 있을 만큼 충분한 돈을 갖는 것. 돈의 액수는 각자 정하기 나름이다. 10억 이상이어야 한다는 사람도 있고, 10억 이하여도 충분하다는 사람도 있을 것이다.

공개 회사: 자사의 유가 증권(주식, 채권 등)을 거래할 수 있는 기업. 공개 회사의 주식은 일반 투자자가 주식 시장에서 매입 또는 매도할 수 있다.

국세청: 세금 징수를 담당하는 정부 기관. 누구든 국세청과 복잡하게 얽히는 일은 없길 바란다.

끈기: 이미 아는 단어겠지만 몇 번이고 이야기해도 좋을 만큼 중요한 단어. 끈기를 갖자!

비공개 회사: 비공개 회사는 개인 투자자, 주주, 소유권자가 소유하므로 일반 투자자는 투자할 수 없다.

ㄴ

낮은 가격에 사서 높은 가격에 팔기: 최고의 주식 거래는 주가가 낮을 때 사서 주가가 높을 때 팔아서 수익을 올리는 것이다. (말이야 쉽지만 실제로는 쉽지 않다.)

ㄷ

단기 목표: 즉각 행동에 옮기는 계획. 1년 이내에 달성할 목표를 뜻한다.

단리: 대출 원금에 대해서만 이자를 적용하는 방법.

대출: 은행, 신용협동조합 등 금융 기관에서 돈을 빌리는 것. 빌린 돈에 이자를 포함해서 갚는다.

ㅁ

마케팅: 고객에게 상품 또는 서비스의 가치를 전달하는 활동을 말한다.

면접: 고용주와 구직자가 만나 질문과 답을 주고받는 자리. 고용주와 구직자가 서로를 잘 파악하기 위한 방법이다.

목표 시장: 기업이 상품 또는 서비스를 팔고자 하는 특정 고객군.

뮤추얼 펀드: 다수의 투자자로부터 모집한 돈으로 여러 곳에 투자하는 방식이다. 대개 저축 예금처럼 보험의 보호를 받지 못한다. 펀드매니저가 직접 운용하기 때문에 투자하기 전에 수수료 및 펀드매니저의 과거 성공 이력을 확인해야 한다.

ㅂ

배당금: 기업이 이익금의 일부를 주주들에게 나누어 주는 것. 현금이나 주식의 형태로 지불한다.

베어 마켓: 주식 시장에서 주가가 대체로 하락하는 약세장을 말한다.

보통 예금: 예치한 돈으로 이자를 받는 은행 계좌.

복리: 초기 원금이나 예치금 또는 대출금과 이전에 누적된 이자를 합한 금액을 기준으로 발생하는 이자.

부채: 돈이나 서비스, 재물 등을 다른 사람에게 빚지는 것. '빚'이라고도 한다.

분산 투자: 투자처를 다양화하는 방법으로 위험 부담을 줄이는 것. '한 바구니에 달걀을 모두 담지 마라'라는 표현은 이 투자의 성격을 가장 잘 설명해 준다.

불 마켓: 주식 시장에서 주가가 대체로 상승하는 강세장을 말한다.

비상금: 예상치 못한 지출에 대비해 모으는 돈. 예를 들면 휴대전화를 실수로 변기에 빠뜨려 새로 구입해야 할 상황일 때 쓸 수 있다.

빚: 다른 사람에게(또는 금융 기관에서) 빌린 후 갚아야 할 돈이나 재물. '부채'라고도 한다.

ㅅ

사기: 고의적인 속임수로 돈을 비롯한 이득을 취하는 범죄를 말한다.

사업 계획서: 사업의 전반적인 계획을 기록한 문서. 사업을 추진하면서 앞으로 어떤 전략을 쓸지, 재무 계획 등을 정리한 문서로 대개 몇 년의 기간을 아우른다.

사회보장제도: 사회구성원이 재해, 실업, 질병 등으로 기본적인 생활이 어려운 경우 공공의 재원으로 최소한의 인간다운 생활을 보장해 주는 제도이다.

상속: 누군가 죽으면서 남긴 돈이나 물건 등.

상장: 기업이 증권 거래소에 주식을 등록해 사람들이 사고팔 수 있도록 하는 것이다.

상품: 완제품으로 팔리는 재화.

서비스: 고객에게 혜택을 주기 위해 수행되는 일련의 행동.

손실: 투자 대상을 매도한 결과로 돈을 잃은 것.

수익: 투자 대상을 매도한 결과로 돈을 번 것.

수익률: 일정 기간의 투자에 따른 이익. 투자 원금에

대한 백분율로 나타낸다.

수입: 노동, 상품, 서비스, 투자의 대가로 받는 돈의 액수.

시가 총액: 공개 상장 기업이 발행한 모든 주식의 수에 주가를 곱한 값이다.

신용 대출: 채권자와 채무자 간의 금전 거래. 대출금은 이자를 포함해 일련의 납입 과정을 거쳐 상환한다.

신용평가기관: 공개 회사와 비공개 회사의 채무를 분석해 신용등급을 매기는 기관.

신용협동조합: 조합원에게 유리한 금리로 금융 서비스를 제공하는 협동 저축 조합이다.

ㅇ

예금보험제도: 금융 기관이 영업 정지나 파산 등으로 고객의 예금을 지급하지 못하는 것을 방지하기 위해 '예금자 보호법'을 제정하여 예금을 보호하는 제도이다. 예금보험공사가 금융 기관으로부터 보험료를 받아 기금을 적립해두었다가 금융 기관이 예금을 지급할 수 없을 때 금융 기관을 대신해 고객에게 예금을 지급한다.

예산: 특정 기간 동안에 필요한 시간이나 돈을 비롯한 각종 자원을 어떻게 할당하거나 소비할지 구체적으로 미리 계획해 놓는 것.

욕망: 있으면 좋지만 사실 없어도 살 수 있는 것.

원금: 처음 시작할 때 가진 돈을 의미한다.

월 스트리트: 미국의 뉴욕 시에 위치한 역사적인 금융 지구의 중심을 관통하는 거리. 이 구역에는 뉴욕 주요 금융 기관의 본사들이 있다. 또한 세계 최대 규모인 뉴욕 증권 거래소의 본고장이며 미국 전체의 금융 시장을 대변하는 곳이기도 하다.

은퇴: 여러분이 이 책의 모든 것을 실천해서 10억을 만들고 더 이상 생계를 위해 일할 필요가 없어졌을 때.

은행: 개인이나 기업의 돈을 맡거나 돈을 빌려주고, 외화를 교환해 주는 등 그 외의 금융 서비스를 제공하는 곳이다.

이윤: 수익에서 제작비, 이자, 임대료 등 각종 비용을 빼고 남은 금액을 말한다.

이자: 돈을 빌린 대가로 빌려준 사람(또는 금융 기관)에게 지불하는 일정한 비율의 돈.

인덱스 펀드: 시장 전반의 실적에 맞추고자 주요 주가 지수에 등재된 기업에 투자하는 뮤추얼 펀드.

인턴사원: 회사에 정식으로 채용되지 않고 일정 기간 동안 현장에서 실무 과정을 배우는 사원을 말한다.

ㅈ

장기 목표: 10년 이상 장기적으로 진행하는 계획을 뜻한다.

저평가: 기업의 가치를 실제보다 낮게 평가하는 것. 온 갖 집안일을 다 했는데 아무도 고맙다는 말을 하지 않으면 어떤 느낌일지 생각해 보자.

정기 예금: 일반적인 저축 예금처럼 보호받을 수 있어

서 위험성이 낮은 편이다. 단, 정해진 기간 동안 예치해야 한다는 조건이 있다.

종잣돈: 투자나 구매를 위해 모아둔 돈.

주가 수익률: 주가와 기업의 주당 수익 간의 관계.

주가 지수: NYSE나 NASDAQ과 같은 증권 거래소에서 매매되는 선택적 주식 그룹의 평균 가격.

주식: 기업 또는 소유권 단위의 자본금에 대한 지분(특히 보통주).

주식 분할: 주식을 분할함으로써 주주들이 보유한 주식의 수는 늘어나되 주당 가치는 그와 비례해 낮아진다. 결과적으로 주식의 총 가치는 변하지 않는다.

주식 수수료: 주식을 사고팔 때 증권 회사가 그에 대한 보수로 받는 수수료. 거래된 총 금액의 몇 %로 계산한다.

주식 시장: 유가 증권을 사고파는 시장을 말한다.

주주: 주식을 소유한 사람을 말한다.

중기 목표: 10년 이내에 완료되는 계획.

증권 거래소: 원자재, 증권, 그 외의 각종 자산을 거래하는 곳을 말한다.

지분: 소유권을 측정하는 방법 중 하나. 예를 들어, 주식 시장에서 주식을 구매함으로써 한 기업의 지분을 소유할 수 있다. 하나 혹은 복수의 투자 대상 내에서 한 개의 주식을 소유할 수도 있고 수백만 개의 주식을 소유할 수도 있다.

지출: 물건을 사거나 무언가를 하기 위해 지불하는 돈의 액수.

ㅊ

채권: 정부나 기업이 발행하는 공채. 고정 이자율을 적용해 정해진 날짜까지 빌린 돈을 갚기로 약속하는 증서.

채권자: 돌려받는다는 가정 하에 돈을 빌려주는 사람 혹은 기관을 말한다.

채무자: 돈을 갚아야 한다는 사실을 인지하고 일정 기간 동안 돈을 빌리는 사람을 말한다.

ㅋ

크라우드 펀딩: 보통 인터넷상에서 공동의 서비스, 프로젝트, 제품, 투자 상품, 소송, 체험 등을 목적으로 다수의 사람들을 모아 자금을 조달하는 방식이다.

ㅌ

투자: 더 많은 돈을 벌기 위한 계획 하에 사업, 부동산 등에 돈을 쓰는 것을 말한다.

투자 설명서: 투자하기 원하는 투자자를 위해 사업에 관한 모든 정보를 담은 법적 문서이다.

ㅍ

포트폴리오: 주식, 채권, 부동산 등 다양한 투자 대상

에 자금을 나눠 투입해 운용하는 일을 말한다.

폰지 사기: 사업가이자 사기꾼인 찰스 폰지(1882~
1949)의 이름에서 따온 피라미드식 투자 사기의 일종.
이 사기에서 얻는 '수익'이란 사실상 나중에 들어온 투
자자들이 내놓는 돈이 초기 투자자들에게 지급되는 것
이었다.

ㅎ

횡재: 생각지도 못한 거액의 돈이나 기회가 생기는 것
을 말한다.

숫자

1930년대 대공황: 미국 역사상 가장 깊고 긴 경제 침
체기. 1929년 10월, 주식 시장의 붕괴로 시작되었다.

2008년 금융 위기: 2007년 12월에 미국에서 시작되
어 전 세계에 영향을 미친 경제 침체기. 미국 내 840만
명이 일자리를 잃었다.

72의 법칙: 특정 이자율 내에서 투자금이 두 배로 가
치가 상승하는 데 얼마나 걸리는지 대략적으로 측정하
는 방법이다.

옮긴이 **박성혜**

이화여자대학교를 졸업하고 출판사에서 일했으며 지금은 번역가로 활동하고 있다. 우리집 아이들이 경제적 자립을 이룰 그날을 응원하며 이 책을 번역했다.

10만 원이 10억 되는 재밌는 돈 공부

초판 1쇄 발행 2021년 3월 2일
초판 6쇄 발행 2024년 5월 2일

지은이 제임스 맥케나, 지넌 글리스타, 맷 폰테인
옮긴이 박성혜
감수자 천영록
발행인 강선영·조민정
펴낸곳 (주)앵글북스
표지·본문 강수진

주소 서울시 종로구 사직로8길 34 경희궁의 아침 3단지 오피스텔 407호
문의전화 02-6261-2015 **팩스** 02-6367-2020
메일 contact.anglebooks@gmail.com
ISBN 979-11-87512-50-9 63320
한국어판 ⓒ (주)앵글북스, 2021. Printed in Seoul, Korea.

• 제조자명: (주)앵글북스
• 주소 및 전화번호: 서울시 종로구 사직로 8길 34 경희궁의 아침 3단지 오피스텔 407호 / 02-6261-2015
• 제조년월: 2021.03.02
• 제조국명: 대한민국
• 사용연령: 8세 이상